2022

国家电网有限公司
社会责任报告

国家电网有限公司　编

中国电力出版社
CHINA ELECTRIC POWER PRESS

本报告披露国家电网有限公司 2022 年履行社会责任，追求综合价值最大化的意愿、行为和绩效。

声 明

国家电网有限公司努力保证报告内容的实质性、平衡性、全面性，系统阐述企业追求经济、社会、环境综合价值最大化的意愿、行为和绩效。我们保证报告信息的真实性、客观性、及时性。我们希望通过发布报告等方式加强沟通、促进合作，增进价值认同，凝聚可持续发展合力。

2023 年 4 月

目录

致辞

2022 年是党和国家历史上极为重要的一年，举国关注、举世瞩目的党的二十大胜利召开，全面建设社会主义现代化国家新征程迈出坚实步伐。一年来，面对各种超预期因素冲击和艰巨繁重的改革发展稳定任务，我们坚持以习近平新时代中国特色社会主义思想为指导，认真贯彻党中央、国务院决策部署，完整准确全面贯彻新发展理念，坚持稳中求进工作总基调，统筹发展和安全，统筹保供和转型，积极服务构建新发展格局和"双碳"目标，有力应对极端灾害天气频发、疫情形势复杂多变、经济下行压力加大等风险挑战，成功打赢了电力保供、抢险救灾、助力稳增长等一系列硬仗，各项工作取得新的突出成绩。

我们加强组织领导，迅速兴起了学习宣传贯彻党的二十大精神热潮。全面落实党中央关于认真学习宣传贯彻党的二十大精神的决定，努力在全面学习、全面把握、全面落实上下功夫。公司党组第一时间召开扩大会议、组织中心组学习、举办读书班，印发通知，制定方案，确保上下联动、整体推进、纵深开展。大力推动党的二十大精神进基层、进班组、进现场。召开公司学习宣传贯彻党的二十大精神工作部署会，明确"八个奋力""六个确保"的贯彻落实具体措施，切实把党的二十大精神转化为推动公司改革发展的实际行动。

我们胸怀"国之大者"，有力服务了党和国家工作大局。制定实施服务稳住经济 26 项工作举措，推行电费缓交并免收滞纳金，主动服务稳岗扩就业。加快京津冀、长三角等地区电网发展，制定实施援疆援藏重点任务，大力实施农村电网巩固提升工程和城市配电网更新改造工程。推动新能源有序发展，经营区新增风光新能源并网装机容量 1.04 亿千瓦，发布中央企业首份绿色低碳发展报告。积极服务共建"一带一路"，成功举办 2022 能源电力转型国际论坛，主办驻华使节走进国家电网活动。积极改善电力营商环境，经营区 160 千瓦及以下小微企业"三零"服务实现全覆盖，各省公司实现企业"一证办电"、居民"刷脸办电"。

我们扛牢首要责任，全力保障了电力安全可靠供应。成功应对最高温度、最少水电、最大负荷、最长时间"四最"叠加考验，有效缓解了全网特别是川渝地区供电紧张局面，守住了大电网安全和民生用电底线，打赢了迎峰度夏保卫战。有效开展森林火灾、泸定地震、台风"梅花"等自然灾害应急抢修恢复供电工作，以最快速度恢复受损电力设施，筑牢了抗疫救灾光明防线。积极应对新能源大规模接入等挑战，持续加固"三道防线"，圆满完成北京冬奥会、冬残奥会、党的二十大、进博会等重大保电任务，维护了安全生产平稳局面。

我们推进重大项目，切实加强了各级电网建设。一批重点项目纳入国家和各省（区、市）电力规划，张北—胜利等 5 项特高压交流工程、金上—湖北特高压直流工程获得核准。建成白鹤滩—江苏、白鹤滩—浙江特高压直流及荆门—武汉特高压交流等一批重点工程，开工川渝联网、武汉—南昌特高压交流等工程，投产山东沂蒙、安徽金寨等 5 座抽水蓄能工程，开工建设浙江泰顺、江西奉新、湖南安化等 6 座抽水蓄能工程，重点工程建设顺利推进。发布新型电力系统数字技术支撑体系报告，建成新一代应急指挥、新型电力负荷管理等系统，推广电力看经济、看环保、助应急等大数据应用，进一步释放数据价值，数字化赋能提速加力。

我们大力提质增效，持续提升了企业经营业绩。优化经营策略，强化经营管理，发挥集团资信优势，加大统一融资力度，加强物资集中集约采购，电网业务挖潜成效明显。进一步优化金融业务布局，深入推进"五统一"集约化发展，金融业务效益稳步提升。优化新兴产业公司功能定位、核心业务与投资负面清单，盈利能力持续提升，发展运营更加稳健，战略性新兴产业加快发展。扎实开展"合规管理强化年"和"以案促管"专项行动，风险防控不断加强。

我们深化改革创新，显著增强了企业发展活力动力。大力实施"改革实效年"，国企改革三年行动圆满收官，实施建设世界一流企业行动计划，深化三项制度改革，绩效的激励约束作用进一步凸显。成立新型电力系统技术创新联盟，大力实施新型电力系统科技攻关行动计划，具有自主知识产权的特高压套管实现规模化应用，继电保护高精度 ADC 芯片实现自主可控，新一代调度技术支持系统正式运行，张北柔性直流工程获得第七届中国工业大奖，牵头立项国际标准 50 项、发布 19 项，获得第23 届中国专利奖金奖 1 项、银奖 2 项。

我们坚持旗帜领航，充分发挥了党建引领保障作用。深入实施"旗帜领航·提质登高"行动计划，持续深化"党建＋"工程，广大党员在急难险重任务中冲锋在前，始终让党旗在一线高高飘扬，公司系统 19 名同志光荣当选党的二十大代表。新评选中国电科院院士 2 名、首席专家 35 名、国网工匠 20 名、青年托举人才 200 名，7 家单位、23 名同志荣获全国五一劳动奖状、奖章，27 个集体被授予全国工人先锋号。

团结奋斗新征程，向光而行再出发。党的二十大擘画了全面建成社会主义现代化强国、以中国式现代化全面推进中华民族伟大复兴的宏伟蓝图，明确了新时代新征程党和国家事业发展的目标任务。公司召开的四届三次职代会暨 2023 年工作会议，明确了中心任务，作出了"三步走"的工作安排，提出了"55686"总体要求和"3334"关键之要，以"一体四翼"高质量发展全面推进具有中国特色国际领先的能源互联网企业建设，为中国式现代化赋动能作贡献。

2023 年是全面贯彻落实党的二十大精神的开局之年，做好各项工作意义重大。公司要以习近平新时代中国特色社会主义思想为指导，全面贯彻党的二十大精神，坚持稳中求进工作总基调，完整准确全面贯彻新发展理念，更好统筹发展和安全，更好统筹保供和转型，坚定信心、守正创新，全力以赴保供电、保安全、保稳定、防风险，多措并举助力稳增长、稳就业、稳物价，一以贯之坚持党的领导、加强党的建设，忠诚担当、求实创新、追求卓越、奉献光明，为全面建设社会主义现代化国家、全面推进中华民族伟大复兴贡献力量。

董事长、党组书记

总经理、党组副书记

公司概况

国家电网有限公司成立于 2002 年 12 月 29 日，是根据《公司法》设立的中央直接管理的国有独资公司，注册资本 8295 亿元，以投资建设运营电网为核心业务，是关系国家能源安全和国民经济命脉的特大型国有重点骨干企业。

公司经营区域覆盖我国 26 个省（自治区、直辖市），供电人口超过 11 亿。公司建成特高压工程 33 项，专利拥有量持续位居央企第一，是全球技术水平最高、配置资源能力最强、并网装机规模最大、安全运行时间最长的交直流混联特大型电网。公司位列 2022 年《财富》世界 500 强第 3 位，连续 18 年获国务院国资委业绩考核 A 级，连续 10 年获得三大国际评级机构国家主权级信用评级，连续 7 年获得中国 500 最具价值品牌榜首，连续 5 年位居全球公用事业品牌 50 强榜首，是全球最大的公用事业企业。

《财富》世界 500 强
第 **3** 名

经营区域覆盖我国
26 个省（自治区、直辖市）

供电人口超过
11 亿人

并网装机容量
20 亿千瓦

售电量
5.44 万亿千瓦时

营业收入
3.57 万亿元

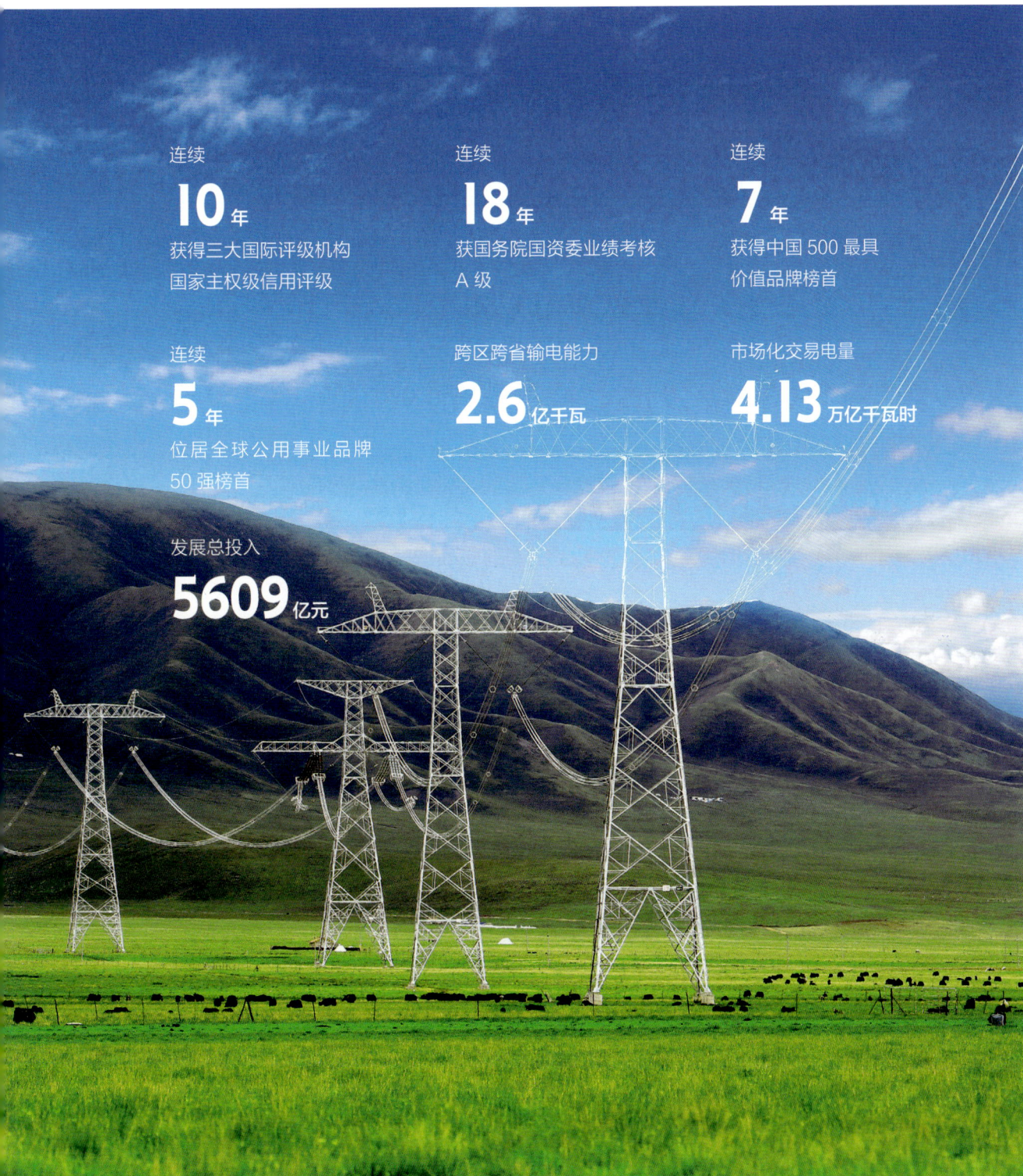

连续
10 年
获得三大国际评级机构
国家主权级信用评级

连续
18 年
获国务院国资委业绩考核
A 级

连续
7 年
获得中国 500 最具
价值品牌榜首

连续
5 年
位居全球公用事业品牌
50 强榜首

跨区跨省输电能力
2.6 亿千瓦

市场化交易电量
4.13 万亿千瓦时

发展总投入
5609 亿元

公司定位

企业宗旨

人民电业为人民

这是老一辈革命家对电力事业提出的最崇高、最纯粹、最重要的指示，体现了国家电网发展的初心所在。牢记国家电网事业是党和人民的事业，始终坚持以人民为中心的发展思想，深入贯彻创新、协调、绿色、开放、共享的新发展理念，着力解决好发展不平衡不充分问题，全面履行政治责任、经济责任、社会责任，做好电力先行官，架起党群连心桥，切实做到一切为了人民、一切依靠人民、一切服务人民。

公司使命

为美好生活充电
为美丽中国赋能

"两为"意味着公司存在与发展的根本目的在于服务人民、服务国家。

"两美"彰显公司在社会进步和生态文明建设中的作用价值。

"充电"与"赋能"展现公司作为电网企业彰显价值作用的方式，以及由此产生的能动作用。自觉将企业改革发展融入党和国家工作大局，发挥电网企业特点和优势，在全面建设社会主义现代化国家、实现中华民族伟大复兴中国梦的历史进程中积极作为、奉献力量。

战略定位

国民经济保障者
能源革命践行者
美好生活服务者

国民经济保障者：深刻认识国有企业"六个力量"的历史定位，积极履行政治责任、经济责任、社会责任，为经济社会发展提供安全、可靠、清洁、经济、可持续的电力供应，在服务党和国家工作大局中当排头、作表率。

能源革命践行者：深入落实"四个革命、一个合作"能源安全新战略，充分发挥电网枢纽和平台作用，加快构建新型电力系统，在保障国家能源安全、推动能源转型、服务碳达峰碳中和中发挥骨干作用，成为引领全球能源革命的先锋力量。

美好生活服务者：始终坚持以满足人民美好生活需要为己任，自觉践行党的根本宗旨，把群众观点、群众路线深深植根于思想中、具体落实到行动上。

企业精神

努力超越
追求卓越

始终保持强烈的事业心、责任感，向着国际领先水平持续奋进，敢为人先、勇当排头，不断超越过去、超越他人、超越自我，坚持不懈地向更高质量发展、向更高目标迈进，精益求精、臻于至善。

司歌

光明之路

1=G 4/4
♩=118 明快、自豪地

```
(1 5 2 5 | 5.5 5 - - ‖: 3.3 5 5 6.6 i i | 2.i 7 6 5 - | 3.3 5 5 6.6 i i |
5.5 6 5 2 - | 1.1 1 2 3 2 3 | 3.3 3 4 5 4 5 | i 6.i 6 5 3 | 2.2 3 2 1 5 |)
```

5. 5 5 3 | 2 3 2 6 5 - | 1 1 2 3 6 | 2 1 2 3 2 - |
大 江 蜿 蜒 高 山 巍 峨， 追 光 的 身 影 一 路 跋 涉。
星 在 歌 唱 灯 在 闪 烁， 阳 光 在 编 织 新 时 代 传 说。

5. 5 5 3 | 2 1 2 6 6 - | 5 5 6 5 2 - | 3.3 2 1 - | 3.3 2 2 1 - |
你 我 胸 膛 初 心 依 然， 就 像 烈 火 那 样 炽 热。
银 线 最 懂 万 家 心 愿， 高 塔 情 牵 大 地 山 河。

6 6 i 2 6 - | 3 3 2 i 6 - | 2 2 2 3 2 - | 5 5 5 3 2 - |
忠 诚 担 当， 求 实 创 新， 追 求 卓 越， 奉 献 光 明。

3 3 5 6 3 - | 6 5 5 2 3 - | 2 3 2 1 2 2 6 | 5 - - - |
这 是 点 燃 青 春 的 嘱 托， 平 凡 人 生 也 有 焰 火。
这 是 大 国 重 器 的 承 诺， 更 高 更 强 电 力 之 歌。

%
3 5 6 i - | 6. 5 5 - | 3 5 6 i - | 6. 3 2 - | 3 2 3 5 3 |
我 们 向 光 而 行， 我 们 为 梦 拼 搏。 奋 进 的 征 程

5 5 5 6 6 - | i 6.i 6 5 3 | 2. 2 3 2 | [1.2.] 1 - - - ‖: [3.] i - - - |
波 澜 壮 阔， 光 明 的 事 业 闪 耀 中 国。 D.S. 国。

i 6.i 6 5 3 | 5. 5 6 i | i - - - | i - - 0 ‖
光 明 的 事 业 闪 耀 中 国。

司歌《光明之路》旋律优美大气、节奏欢快自豪、歌词催人奋进，
昭示在以中国式现代化全面推进中华民族伟大复兴的新征程上，
公司团结奋斗打开事业发展新天地的光明前景。

听歌请扫二维码

司徽

以国家电网企业标识为基础。

以国网绿为主体色，寓意公司坚持绿色低碳发展，积极推动能源转型，争当能源革命的推动者、先行者、引领者。

以球体加四条纵横经纬线为主体元素，寓意公司以"一体四翼"高质量发展全面推进具有中国特色国际领先的能源互联网企业建设，奋力谱写中华民族伟大复兴电力新篇章。

组织机构

● 总部部门及相关机构

驻公司纪检监察组

党组办公室（国网办公室、国网董办）

国网政研室

国网发展部（国网碳管理办）

国网财务部

党组组织部（国网人事部）

国网人资部

党组党建部（国网政工部、直属党委、
总部党委、国网团委）

党组宣传部（国网外联部）

党组巡视办（直属纪委、总部纪委、
国网供服监督办）

国网安监部（国网应急部）

国网设备部

国网营销部
（国网农电部、国网乡村振兴办）

国网国际部

国网科技部（国网联办）

国网数字化部

国网基建部

国网产业部

国网物资部

国网审计部

国网法律部

国网体改办

国网后勤部

国网离退休部

国网工会（直属工会、总部工会）

国调中心

国网特高压部

国网水新部

国网企协

北京电力交易中心

● 分部

国网华北分部

国网华东分部

国网华中分部

国网东北分部

国网西北分部

国网西南分部

省公司

国网北京市电力公司

国网天津市电力公司

国网河北省电力有限公司

国网冀北电力有限公司

国网山西省电力公司

国网山东省电力公司

国网上海市电力公司

国网江苏省电力有限公司

国网浙江省电力有限公司

国网安徽省电力有限公司

国网福建省电力有限公司

国网湖北省电力有限公司

国网湖南省电力有限公司

国网河南省电力公司

国网江西省电力有限公司

国网辽宁省电力有限公司

国网吉林省电力有限公司

国网黑龙江省电力有限公司

国网内蒙古东部电力有限公司

国网陕西省电力有限公司

国网甘肃省电力公司

国网青海省电力公司

国网宁夏电力有限公司

国网新疆电力有限公司

国网四川省电力公司

国网重庆市电力公司

国网西藏电力有限公司

● 直属单位

国网国际发展有限公司

中国电力技术装备有限公司

全球能源互联网集团有限公司

中国电力科学研究院有限公司

南瑞集团有限公司（国网电力科学研究院有限公司）

国网经济技术研究院有限公司

国网能源研究院有限公司

国网智能电网研究院有限公司
（全球能源互联网研究院有限公司）

国网新源集团有限公司（国网新源控股有限公司）

国网信息通信产业集团有限公司

英大传媒投资集团有限公司

国网物资有限公司

国网电力空间技术有限公司

国网中兴有限公司

国网数字科技控股有限公司
（国网雄安金融科技集团有限公司）

国网综合能源服务集团有限公司

国网智慧车联网技术有限公司

国家电网有限公司信息通信分公司

国家电网有限公司特高压建设分公司

国家电网有限公司直流技术中心

国家电网有限公司客户服务中心

国家电网有限公司大数据中心

中共国家电网有限公司党校
（国家电网有限公司领导科学研究院分公司）

国家电网有限公司高级培训中心

国家电网有限公司技术学院分公司

国家电网有限公司社会保障管理中心
（国家电网有限公司人力资源共享中心）

北京智芯微电子科技有限公司

国家电网有限公司档案馆

北京可再生能源发展结算服务有限公司

国网英大国际控股集团有限公司
（国网英大股份有限公司）

中国电力财务有限公司

英大泰和财产保险股份有限公司

英大泰和人寿保险股份有限公司

英大长安保险经纪有限公司

英大国际信托有限责任公司

英大证券有限责任公司

国网国际融资租赁有限公司

国家电网海外投资有限公司

2022 年部分履责荣誉和奖项

- 连续 18 年获得国务院国资委业绩考核 A 级

- 连续 5 年位居全球公用事业品牌 50 强榜首

- 连续 7 年获得中国 500 最具价值品牌榜首

- 第十一届中华环境奖

- 绿色供应链管理企业

- 第七届中国工业大奖 1 项

- 国家优质工程金奖 1 项

- 国家优质工程奖 2 项

- 鲁班奖 2 项

- 第二十届全国质量奖卓越项目奖 2 项

- 第 23 届中国专利奖金奖 1 项、银奖 2 项

- 中国电力优质工程奖 32 项

- 中国电力科学技术奖 11 项

- 公司连续 5 年在中央单位定点帮扶工作考核中评价为"好"

- 冬奥电力运行中心运行团队被授予"北京冬奥会、冬残奥会突出贡献集体"称号

- 巴基斯坦默拉输电公司获巴基斯坦"年度社会责任奖"

- 公司绿色低碳发展实践获"保尔森可持续发展奖"绿色创新类别年度大奖

- 3 项工程获评 2022 年国家水土保持示范工程

- 国际 QC 小组活动金奖 35 项

- 中国标准创新贡献奖 4 项

- 第二十九届全国企业管理现代化创新成果一等成果

- 公司 1 人获得"时代楷模"称号

- 7 家单位荣获全国五一劳动奖状

- 23 名个人荣获全国五一劳动奖章

- 27 个集体荣获全国工人先锋号

- 公司 2 人荣获"全国三八红旗手"称号

- 公司 1 人获评"2022 联合国可持续发展目标"全球先锋

- 公司 7 人获评"中国好人"

- 3 个集体、2 名个人获评第七批全国学雷锋活动示范点和全国岗位学雷锋标兵

- 5 个案例获评第三届全球减贫案例征集活动最佳减贫案例

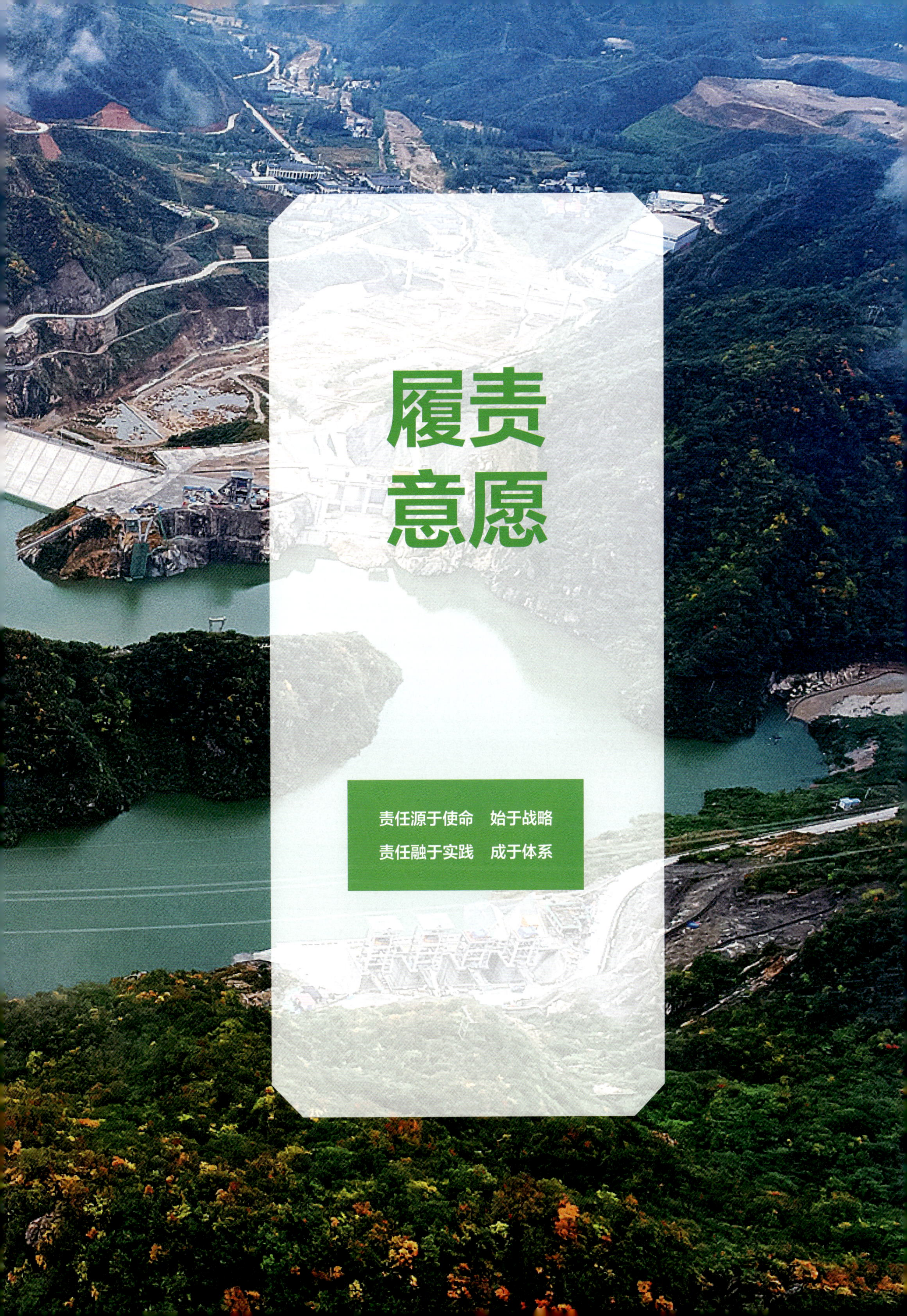

履责意愿

责任源于使命　始于战略

责任融于实践　成于体系

责任源于使命　始于战略

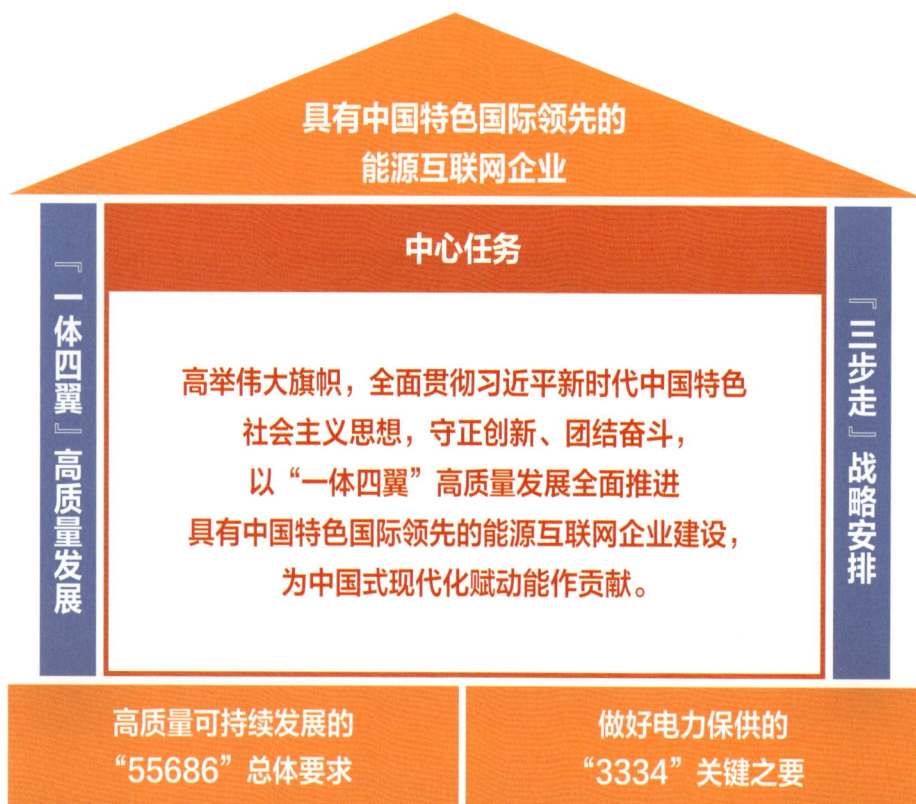

具有中国特色国际领先的
能源互联网企业

「一体四翼」高质量发展

中心任务

高举伟大旗帜，全面贯彻习近平新时代中国特色
社会主义思想，守正创新、团结奋斗，
以"一体四翼"高质量发展全面推进
具有中国特色国际领先的能源互联网企业建设，
为中国式现代化赋动能作贡献。

「三步走」战略安排

高质量可持续发展的
"55686"总体要求

做好电力保供的
"3334"关键之要

"三步走"战略安排

2025年
基本建成具有中国
特色国际领先的
能源互联网企业

2030年
全面建成产品卓越、品牌
卓著、创新领先、治理现
代的世界一流企业

2035年
全面建成具有中国
特色国际领先的能
源互联网企业

总体要求

—— 五个不动摇 ——

坚持党的领导、加强党的建设这个根本保证不动摇

坚持做强做优做大这个战略方向不动摇

坚持引领能源清洁低碳转型这个使命责任不动摇

坚持科技自立自强这个战略支撑不动摇

坚持建设具有中国特色国际领先的能源互联网企业这个目标蓝图不动摇

—— 五个统筹好 ——

统筹好政治、经济、社会
"三大责任"

统筹好发展和安全
"两件大事"

统筹好保供和转型
"两大任务"

统筹好监管和非监管
"两类业务"

统筹好管好和放活
"两个取向"

—— 六个更加注重 ——

更加注重**聚焦主责主业**

更加注重**绿色发展**

更加注重**提质增效**

更加注重**产业协同**

更加注重**制度完善**

更加注重**风险防范**

—— 八个始终坚持 ——

始终坚持**服务大局**

始终坚持**人民至上**

始终坚持**守正创新**

始终坚持**稳中求进**

始终坚持**问题导向**

始终坚持**系统观念**

始终坚持**依靠职工**

始终坚持**精神引领**

—— 六个坚定不移 ——

坚定不移**捍卫"两个确立"、做到"两个维护"**

坚定不移**保障电力安全可靠供应**

坚定不移**推动绿色发展能源革命**

坚定不移**推进科技强企人才强企**

坚定不移**推进依法治企**

坚定不移**全面从严治党**

责任融于实践　成于体系

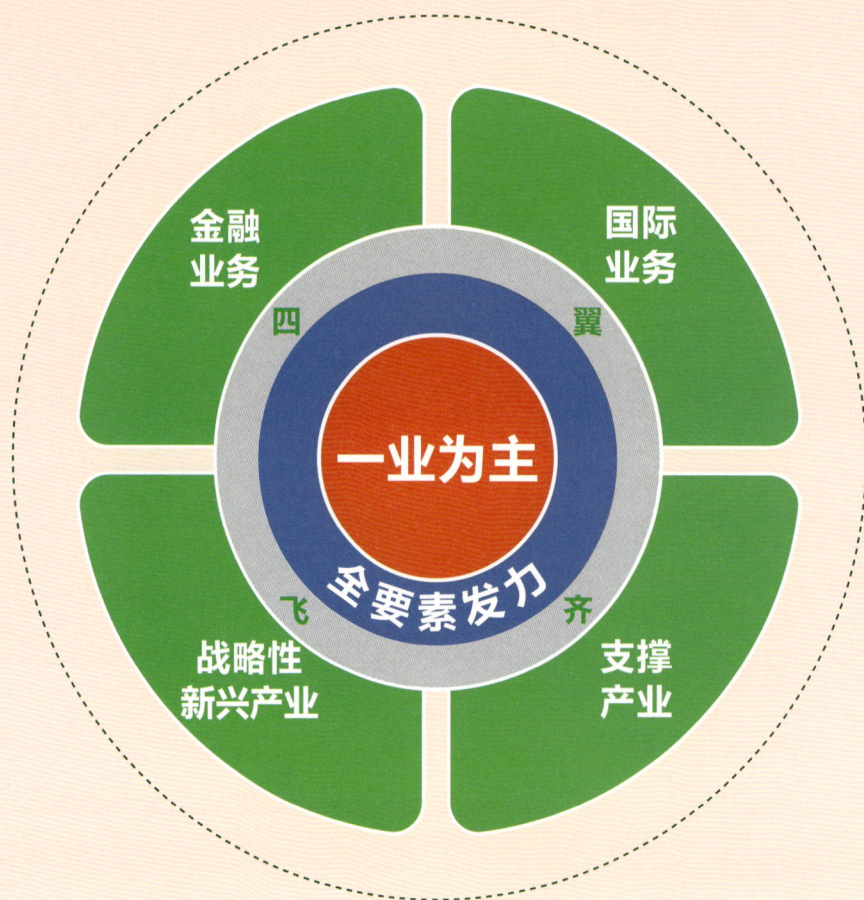

"一体四翼"高质量发展

金融业务　国际业务

四　翼

一业为主

全要素发力

飞　齐

战略性新兴产业　支撑产业

统筹政治、经济、社会"三大责任"
为中国式现代化赋动能作贡献

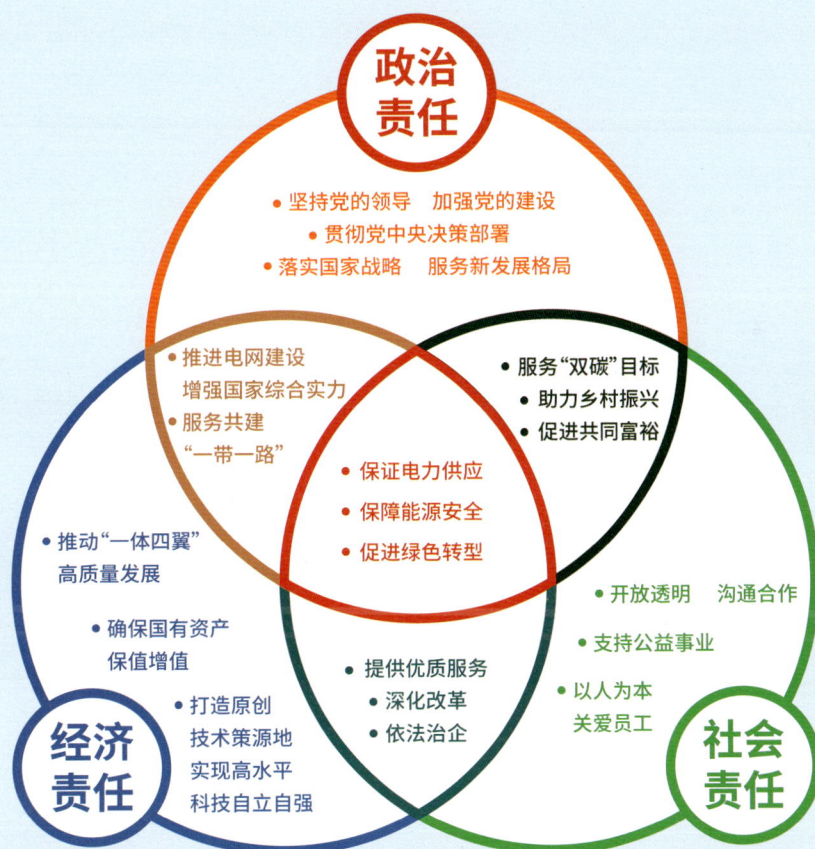

政治责任

- 坚持党的领导　加强党的建设
- 贯彻党中央决策部署
- 落实国家战略　服务新发展格局

- 推进电网建设
  增强国家综合实力
- 服务共建
  "一带一路"

- 服务"双碳"目标
- 助力乡村振兴
- 促进共同富裕

- 保证电力供应
- 保障能源安全
- 促进绿色转型

- 推动"一体四翼"
  高质量发展

- 确保国有资产
  保值增值

- 打造原创
  技术策源地
  实现高水平
  科技自立自强

- 提供优质服务
- 深化改革
- 依法治企

- 开放透明　沟通合作
- 支持公益事业
- 以人为本
  关爱员工

经济责任

社会责任

履责
行为

坚持党的领导　加强党的建设
贯彻党中央决策部署
落实国家战略　服务新发展格局
推进电网建设　增强国家综合实力
保证电力供应
保障能源安全

促进绿色转型
服务"双碳"目标
推动"一体四翼"高质量发展
确保国有资产保值增值
助力乡村振兴
促进共同富裕
提供优质服务

服务共建"一带一路"
打造原创技术策源地　实现高水平科技自立自强
深化改革
依法治企
开放透明　沟通合作
支持公益事业
以人为本　关爱员工

坚持党的领导　加强党的建设

公司坚定不移捍卫"两个确立"、做到"两个维护"，深入学习宣传贯彻党的二十大精神，坚持和加强党对国有企业的全面领导，把旗帜鲜明讲政治作为第一要求，基层党组织更加坚强有力，党建独特优势充分彰显。

▶ 公司第一时间召开党组扩大会议专题学习贯彻党的二十大精神

CCTV-1 综合

中国共产党第二十次全国代表大会
主席团成员名单

邱　勇　何　平(解放军和武警部队)　何立峰　余剑锋
余留芬(女)　谷　澍　邹加怡(女)　辛保安　汪　洋
汪东进　汪永清　沈晓明　沈跃跃(女)　怀进鹏

新闻联播

中国共产党第二十次全国代表大会代表名单
（国家电网公司）

辛保安　张智刚（列席）

王昕伟　吕运强　梁旭　谭洪恩　周雄　叶军　衣立东
张黎明　冯新岩　周维忠　徐川子　廖志斌　陶留海
周海萍　刘传波　贾春贺　钱建华　左热古丽·尼亚孜

高站位统筹谋划推进

- 印发公司党组《关于迅速兴起学习宣传贯彻党的二十大精神热潮的通知》。

- 召开公司学习宣传贯彻党的二十大精神工作部署会。

- 制定公司党组《认真学习宣传贯彻党的二十大精神的工作方案》，细化 **15** 个方面共 **50** 项具体贯彻落实措施。

高质量抓好学习培训

- 公司党组以党组会、中心组学习、专题读书班等方式，示范带动各级党委开展"第一议题"传达学习 **4735** 次、中心组集体学习研讨 **4149** 次、专题读书班 **1420** 期。

- 各级基层党组织开展"三会一课"、主题党日等专题学习活动 **5.8** 万余次。

- **1.3** 万余名领导人员，**57** 万余名职工参加培训。

高标准开展宣传宣讲

- 制定实施宣传方案，会前推出重点报道，会议期间开辟专栏，全景展示公司基层代表事迹，会后开展 **7** 项宣传、**8** 大主题传播，线上线下协同发力，中央主流媒体报道超 **1.3** 万篇。

- 各级党委领导班子成员带头宣讲 **6645** 次，覆盖职工超 **49** 万人。

▶《学习时报》刊发公司党组书记、董事长辛保安学习宣传贯彻党的二十大精神署名理论文章

▶《党建》杂志刊发公司党组理论文章

公司党组建立贯彻习近平总书记重要指示批示和党中央决策部署"五个一"工作机制。

"五个一"工作要求

砥砺前行"第一动力"　　党组会议"第一议题"

督察督办"第一任务"　　监督考核"第一指标"

请示报告"第一内容"

"旗帜领航"品牌成为"强根铸魂"名片

推进"旗帜领航"党建工程

实施"旗帜领航·提质登高"行动计划

公司坚持旗帜领航，充分发挥党建引领保障作用。

加强共产党员服务队建设

各级党组织着力抓基层、强基础、固基本，充分发挥战斗堡垒作用，加强共产党员服务队建设，让"共产党员服务队"旗帜高高飘扬，目前已发展壮大到4900余支队伍、近11万名队员。

全面从严治党纵深推进

- 完成对**27**家省公司供电服务专项检查
- 二级单位党委实现对所属单位巡察全覆盖

贯彻党中央决策部署

公司坚决贯彻党中央、国务院决策部署，自觉把党中央精神体现到谋划重大战略、部署重大任务、推进重大工作的实践中，全力服务"六稳""六保"大局，做好重大活动供电保障，建设世界一流企业，充分发挥"大国重器""顶梁柱"作用。

积极服务"六稳""六保"

落实国家稳增长要求，主动服务稳岗扩就业，助力中小企业纾困解难协同发展，为经济社会平稳运行提供有力支撑。

- 制定实施服务稳住经济工作举措
26项

做好重大活动供电保障

按照"五个最"标准、"四个零"目标，圆满完成北京冬奥会、冬残奥会、党的二十大、进博会等重大保电任务。建成冬奥电力保障服务中心，党中央、国务院授予冬奥电力运行中心运行团队"北京冬奥会、冬残奥会突出贡献集体"称号。统筹疫情防控和供电保障，确保定点医院、医药企业等重点单位可靠供电，守护人民群众生命健康。

- **"五个最"** 保电要求：最高的标准、最有效的组织保障、最可靠的技术措施、最饱满的精神状态、最严明的工作纪律

- **"四个零"** 保电目标：设备零故障、客户零闪动、工作零差错、服务零投诉

建设世界一流企业

开展世界一流示范企业创建行动、对标世界一流管理提升行动，制定实施加快建设世界一流企业行动计划，世界一流企业建设走在央企前列。

第3名　第2名　第3名　　《财富》世界 500 强

FORTUNE 500 2022

2020　2021　2022

连续 **18** 年获得国务院国资委业绩考核 **A** 级

连续 **7** 年获得中国 500 最具价值品牌**榜首**

连续 **5** 年位居全球公用事业品牌 50 强**榜首**

连续 **10** 年获得三大国际评级机构国家主权级信用评级

全球品牌价值 500 强第 **15** 位

获得电力指数全球排名第 **12** 位，在对标企业中位列第 **1**

国网北京电力员工对天安门周边供电区域电力设施开展巡检，全力做好党的二十大保电 ◀

北京冬奥会、冬残奥会保电

公司 **4.5** 万名员工
在保电一线战风斗雪、拼搏奉献

2354 名
场馆保电人员连续奋战
69 天

确保了 **4** 场开闭幕式
41 座场馆
187 项比赛供电万无一失

"张北的风点亮北京的灯",在
奥运史上首次实现所有场馆
100 % 使用绿色电力

BEIJING 2022 | 国家电网 STATE GRID | **BEIJING 2022** PARALYMPIC GAMES

北 京 2 0 2 2 年 冬 奥 会 和 冬 残 奥 会 官 方 合 作 伙 伴
Official Partner of the Beijing 2022 Olympic And Paralympic Winter Games

公司成为北京 2022 年冬奥会和冬残奥会官方合作伙伴

落实国家战略　服务新发展格局

公司胸怀"国之大者"，始终在落实国家重大战略部署中站排头、当表率，完整准确全面贯彻新发展理念，积极服务区域协调发展，服务产业链供应链高质量发展，加快推进电网数字化转型，有力服务党和国家工作大局。

积极服务区域协调发展

与江苏、山东、浙江等 16 个省（区、市）党委政府会谈会见。与西藏、青海、宁夏、黑龙江、辽宁 5 省（区）政府签订战略合作协议。召开辽宁、四川重大电网工程项目推进会，服务雄安新区建设，加快京津冀、长三角等地区电网发展，为区域重大战略实施注入新动力。

雄安新区新建 110 千伏及以上变电站增至

5座

数字化赋能提速加力

建成两级电网资源业务中台，实现全电压等级"电网一张图"。建成新一代应急指挥、新型电力负荷管理等系统。推广电力看经济、看环保、助应急等大数据应用，进一步释放数据价值。

移动办公系统"i 国网"日使用量高达

63万人

电力大数据应用成果

800余项

勇当现代产业链供应链"链长"，带动上下游企业共同发展

依托产业链供应链延伸价值链，带动上下游产业发展。依托绿色现代数智供应链，全力畅通供应链，保障在建特高压工程物资供应。以超大规模采购带动链上企业专业化协同整合，促进全链数字化交互和智能化提升，推动供应链上下游企业、产品全生命周期绿色低碳，服务产业链供应链高质量发展。

公司长期合作的电力设备和服务供应商

7694 家

其中，中小微企业占比

96.9%

打造国网绿链互联生态，带动

1127 家电工装备企业

智能制造升级和质量管控提升

"西电东送"的"大动脉"——池州九华特高压重要输电通道 ◄

推进电网建设　增强国家综合实力

公司充分发挥经济增长"压舱石""稳定器"作用，加快推进重大工程建设，积极以电网投资拉动社会投资，建成全球技术水平最高、配置资源能力最强、并网装机规模最大、安全运行时间最长的交直流混联特大型电网，为经济社会发展提供坚强支撑。

1 一批重点项目纳入国家和各省（区、市）电力规划

2 张北—胜利等 5 项特高压交流工程、金上—湖北特高压直流工程获得核准

3 深化电网发展格局研究，优化沙漠戈壁荒漠大型风电光伏基地、藏东南清洁能源基地开发外送方案

4 建成白鹤滩—江苏、白鹤滩—浙江特高压直流，荆门—武汉特高压交流等一批重点工程

5 开工川渝联网、武汉—南昌特高压交流等工程

6 投产山东沂蒙、安徽金寨等 5 座抽水蓄能工程

7 开工建设浙江泰顺、江西奉新、湖南安化等 6 座抽水蓄能工程

8 2 项工程获得第二十届全国质量奖卓越项目奖

各级电网协调发展

投产 110（66）千伏及以上线路
4.83 万千米

变电（换流）容量
3.08 亿千伏安（千瓦）

累计建成
"17 交 16 直"
33 项特高压工程

线路长度达到
4.9 万千米

±1100 千伏准东—皖南特高压直流输电线路 ◀

保证电力供应

公司坚决扛牢保供首要责任，坚持电力保供"3334"关键之要，充分发挥大电网优势、优化配置资源、强化负荷管理，积极有效应对自然灾害，坚决打赢迎峰度夏保卫战，全力以赴保障电力安全可靠供应，展现了央企"顶梁柱、顶得住"的责任担当。

坚持电力保供"3334"关键之要

3 树牢"三防线"思维 夯实保供基础 — 守住大电网安全生命线、民生用电底线，不碰拉闸限电红线

3 坚持"就地平衡、就近平衡为要，跨区平衡互济" — 坚持"三平衡"原则 提升保障能力

3 落实"三用电"要求 强化负荷管理 — 坚持"需求响应优先、有序用电保底、节约用电助力"

4 坚持"各级政府是主管家、电力企业是主力军、电网企业是排头兵、电力用户是主人翁"工作定位 — 突出"四主体"定位 压实各方责任

守住了大电网安全和民生用电底线

充分发挥电网配置资源平台作用，发挥电网统一调度优势，合理安排运行方式，深入挖掘特高压等跨区跨省输电通道潜力，实现资源大范围优化配置。加强调度管理和机组并网服务，充分发挥需求响应平衡调节作用，增强负荷调控能力，提升电网控制灵活性。持续优化供电服务，全力保障居民、公共服务和重要用户用电，守住大电网安全和民生用电底线。

打赢了迎峰度夏保卫战

超前谋划、提前部署，出台电力保供 30 项工作要点和 32 项重点措施，坚持政企协同联动、源网荷储协同发力，发挥大电网和集团化优势，加大余缺互济和负荷管理力度，以超常力度保障电力供应，成功应对最高温度、最少水电、最大负荷、最长时间"四最"叠加考验，有效缓解了全网特别是川渝地区供电紧张局面。

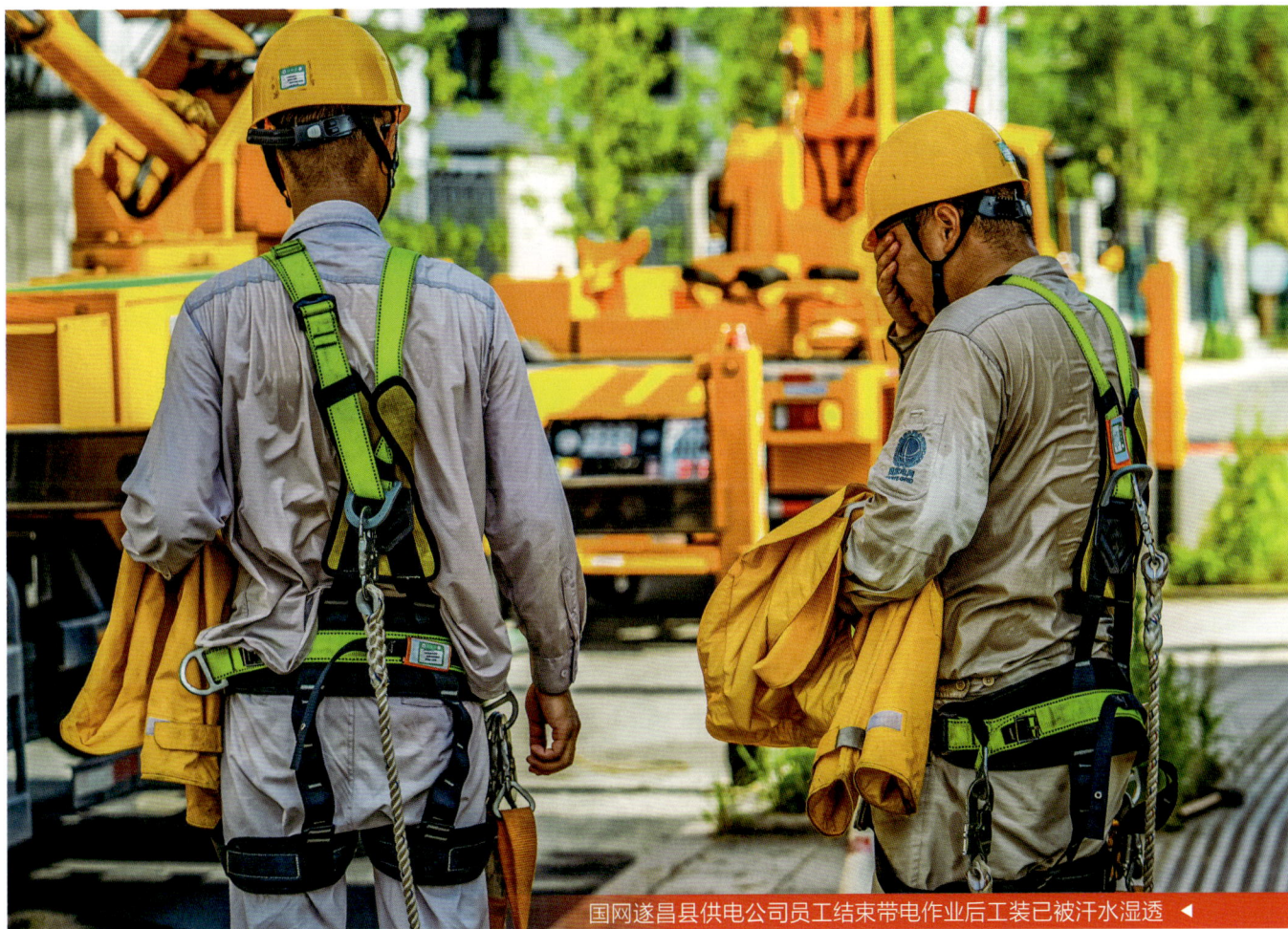

国网遂昌县供电公司员工结束带电作业后工装已被汗水湿透 ◀

保电有我 有我必胜

全力以赴保供电，"保电有我 有我必胜"的铮铮誓言赢得广泛赞誉

筑牢了抢险救灾"光明防线"

积极应对多轮次雨雪冰冻灾害，第一时间启动应急响应，开展线路特巡特护、除冰融冰，充分发挥电网平台作用，有效缓解了电力紧张局面。有效开展四川泸定地震、台风"梅花"等自然灾害抢修恢复供电工作，以最快速度恢复受损电力设施，展现了电网铁军风采。

国网伊犁供电公司员工抢修因大雪覆冰受损的输电线路 ◀

国网四川电力开展电力应急抢险，点亮泸定震区"第一盏灯" ◀

保障能源安全

公司贯彻总体国家安全观，落实"四个革命、一个合作"能源安全新战略，始终把确保大电网安全摆在首位，推动优化电源结构、完善电网安全保障体系、汇聚各方合力，推进安全管理体系和治理能力现代化，保障能源电力安全。

推动优化电源结构

按照"常规电源保供应、新能源调结构"的思路，推进煤电与新能源优化组合，增强电力生产供应能力。着力解决"靠天吃饭"电源、外来电比重过大及应急调峰电源互济能力不足等难题。

▶ 国网新疆超高压公司员工在 ±1100 千伏昌吉换流站开展设备检修工作

白鹤滩—江苏 ±800 千伏特高压直流输电工程 ◀

完善电网安全保障体系

坚持把大电网安全摆在首位，强化电网运行控制，防范网络安全风险，不断增强大电网安全驾驭能力。提升重要通道和关键断面输送能力，持续强化大电网互联互通、互供互备。健全完善应急响应体系，保证高效运转、及时响应。

汇聚保障能源安全各方合力

依托政府主导的保供协调机制，发挥煤电基础保障和兜底作用、各类电源和储能有效支撑作用、负荷侧灵活调节作用、市场优化资源配置作用，推动各方共同发力保障电力平稳有序供应。

无人机巡检杆塔
418万基

完成
642座
变电站一键顺控改造

1438座
220 千伏及以上
变电站实现智能巡视

促进绿色转型

公司坚持清洁低碳是方向、能源保供是基础、能源安全是关键、能源独立是根本、能源创新是动力、节能提效要助力，推动构建清洁低碳、安全高效的能源体系，努力争当能源清洁低碳转型的推动者、先行者、引领者。

推动构建新型电力系统

发布新型电力系统数字技术支撑体系报告，完成企业级实时量测中心试点建设。开展新型电力系统发展规划纲要研究，指导公司新型电力系统建设。因地制宜推进新型电力系统示范区建设，加快技术研发和成果应用，着力增强系统安全性、灵活性、适应性。携手 52 家骨干企业、知名高校及社会团体，成立新型电力系统技术创新联盟。大力实施新型电力系统科技攻关行动计划，高质量完成首批 4 项重大课题。

▶ 在江苏盐城，鸟类、麋鹿与风机相映成趣

推动新能源有序发展

坚持"全网统筹、量率一体"原则，促进新能源大规模并网、大范围配置和高比例消纳，推动新能源有序发展。深化电网发展格局研究，优化沙漠戈壁荒漠大型风电光伏基地、藏东南清洁能源基地开发外送方案，优化完善新能源云功能，推动构建新型能源数字经济平台，推进全国碳排放监测服务平台建设。成立北京可再生能源发展结算服务有限公司，开展可再生能源补贴资金的统计和管理。

经营区新增风光新能源并网装机容量
1.04 亿千瓦

同比增长
19.0%

发布《国网绿色现代数智供应链行动方案》，积极构建电工装备制造产业链供应链绿色生态

国网绿链八大行动

供应链链主生态引领行动	绿色低碳可持续发展
规范透明化阳光采购	创新固链保安全稳定
全生命周期好中选优	数智化运营塑链赋能
建现代绿色物流保供	全面强基创国际领先

提升生态系统多样性、稳定性、持续性

将绿色发展理念融入电网建设运行全过程，优化选址选线，保护沿线森林、草原、湿地等各类生态系统。积极采用有利于保护环境的新技术、新工艺、新材料，减少施工活动对周围环境的影响。认真执行环境保护相关标准，确保噪声、废水等达标。将生物多样性保护融入电网建设和运营的各个环节，做好鸟类保护、荒漠化治理及山地、林区、湿地、岛屿、水域等各类生态系统保护。

公司荣获
第十一届企业环保类
中华环境奖

公司 1 家单位、1 位职工荣获
全国水土保持工作
先进集体和先进个人

累计开展大型生物
多样性保护项目
20 余项

公司 3 项工程获评
2022 年国家水土保持
示范工程

▶ 750 千伏输电线路横穿新疆巴音布鲁克草原

电网建设和运营各环节的
生物多样性实践

规划选址
选址选线合理避让生态保护红线和各类环境敏感区，满足生态环境保护相关要求

可研设计
明确环境保护和水土保持措施、设施的设计原则和投资估算，编报环境影响评价文件、水土保持方案，开展环境保护、水土保持设计

施工建设
积极采用有利于环保的新技术、新工艺、新材料，落实各项环境保护和水土保持措施，减少施工活动对环境的影响，避免生态破坏和水土流失，组织开展竣工环境保护验收、水土保持设施验收

项目运行
认真执行环境保护相关标准，加强污染防治运维管理，强化技术监督和环境治理

绿色回收
开展电网废弃物减量化、资源化、无害化处置，六氟化硫气体回收、净化处理和循环再利用

服务"双碳"目标

公司坚持生态优先、绿色发展，发布实施国内首个"双碳"行动方案和构建新型电力系统行动方案，着力推动构建清洁低碳、安全高效的能源体系，大力推进减排降碳，服务清洁能源发展，推进终端能源消费电气化。

推动资源节约集约利用

落实全面节约战略，抓住资源利用这个源头，积极引导全社会节约用能、高效用能、绿色用能。完善绿电交易体系，推动碳交易、电力交易、用能权交易有效衔接。

● 向北京冬奥组委赞助

20 万吨国家核证自愿减排量，为确保北京冬奥会、冬残奥会实现碳中和目标贡献国网力量

● 向 **439** 万个
高压客户推送能效账单

● 绿电交易

152 亿千瓦时

绿证交易

145 万张

● 组织总部办公用能参与绿电交易，成为首个总部用能全绿电的央企

支持抽水蓄能及新型储能发展

开工建设浙江泰顺、江西奉新、湖南安化等 6 座抽水蓄能工程，投产山东沂蒙、安徽金寨等 5 座抽水蓄能工程。跟踪新型储能技术发展、项目建设和技术应用场景，加强统计分析，做好可行性和经济性评估，推动新型储能规模化发展。

● 公司抽水蓄能电站开发规模达
7069 万千瓦

占经营区开发总量
63 %

其中在运电站
26 座
装机规模
2806 万千瓦

在建电站
31 座
装机规模
4263 万千瓦

深化实施电能替代

推动国家十部委印发电能替代专项支持政策，因地制宜、科学有序推进电能替代。稳妥推进"煤改电"清洁取暖，提前部署保暖保供针对性措施。推进"两纵一横"岸电工程建设，服务船舶靠港用电需求。持续提升电动汽车充电服务，牵头建设国家充电设施监测服务平台。

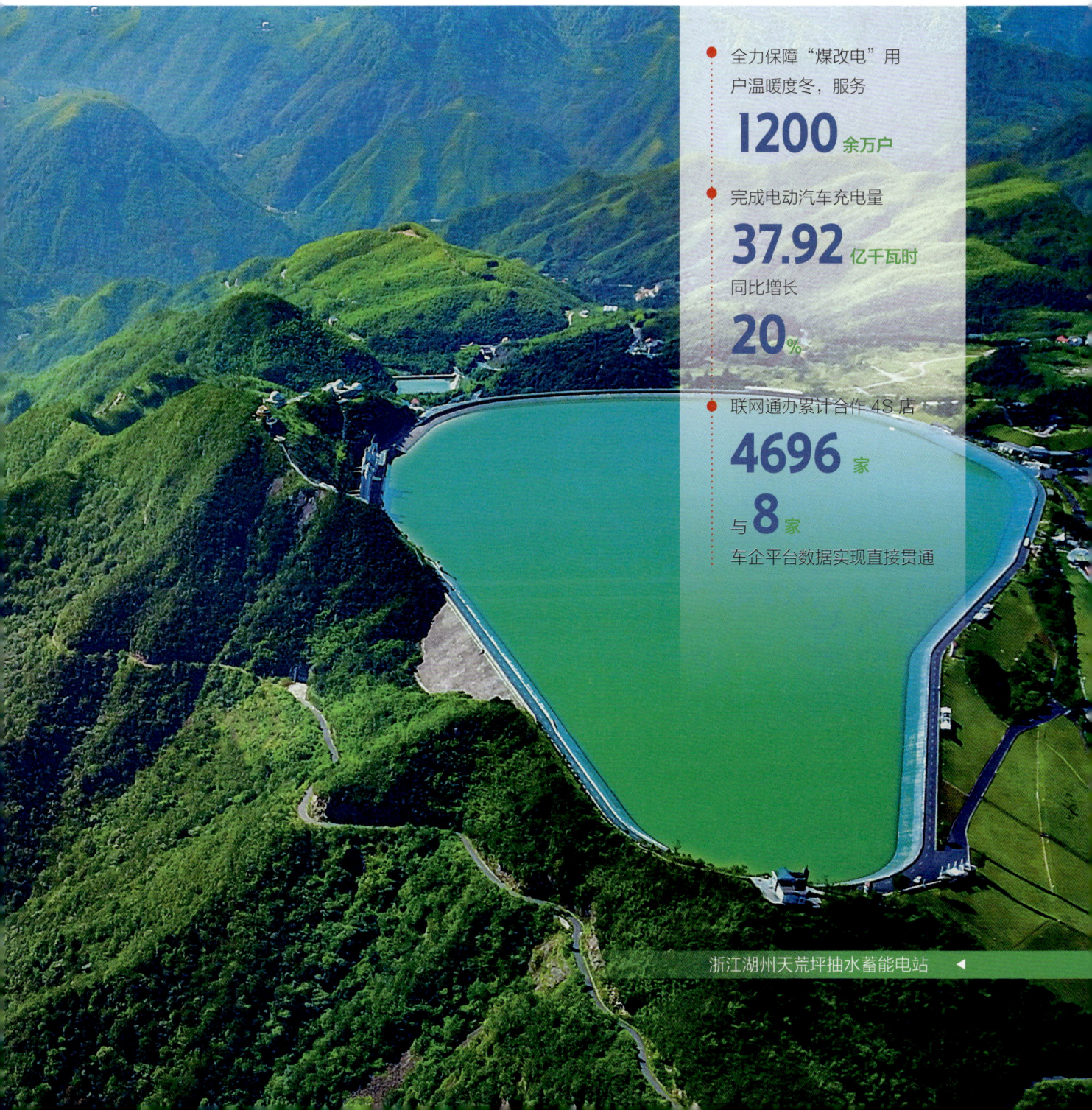

- 全力保障"煤改电"用户温暖度冬，服务 **1200** 余万户

- 完成电动汽车充电量 **37.92** 亿千瓦时 同比增长 **20**%

- 联网通办累计合作 4S 店 **4696** 家 与 **8** 家 车企平台数据实现直接贯通

浙江湖州天荒坪抽水蓄能电站

推动"一体四翼"高质量发展

公司主动服务和融入新发展格局，走"一体四翼"高质量发展之路，统筹推动电网和金融、国际、支撑、战略性新兴产业高效协同、相互赋能，以"一体四翼"高质量发展全面推进具有中国特色国际领先的能源互联网企业建设。

"一体四翼"协同运作

电网和金融、国际、支撑、战略性新兴产业协同联动、蓬勃发展，发展的平衡性、协调性和可持续性不断增强。推动电网向能源互联网转型升级，统筹推进特高压和各级电网协调发展。聚焦主责主业，金融业务服务实体经济，优化战略性新兴产业布局，稳健拓展国际业务，增强"四翼"发展动能。

品牌价值持续彰显

聚焦"品牌卓著"，制定品牌建设专项规划，提升全员品牌意识。打造"全员、全过程、全方位"的全面品牌管理体系，推进品牌融入业务、助推产业升级。加强国际品牌传播，注重跨文化融合，树立中国企业良好形象。发布公司司歌《光明之路》和司徽，唱响时代旋律，传承红色基因，突出国网特色。在亚太电协 CEO 会议、上海碳博会等重要活动展示公司品牌形象。

公司市场竞争力、行业
带动力、抗风险能力、
国际影响力
显著提升

在 **10** 个
国家和地区成功
投资和参与运营
13 个
能源网项目

国网河北电力智能用电指挥平台 ◀

确保国有资产保值增值

公司贯彻落实提质增效稳增长工作部署，优化经营策略，强化经营管理，深入推进提质增效专项行动。强化市场意识、竞争意识，加大市场开拓力度，全力拓展增收增效空间。牢固树立"过紧日子"思想，强化成本精益管理，加大全产业链、全价值链降本节支力度，确保国有资产保值增值。

▶ 国网大数据中心员工在数据监测大厅开展数据监测，提供安全可靠数据服务

大力提质增效

强化市场意识、竞争意识，加大市场开拓力度，全力拓展增收增效空间。不断深化产融协同，进一步优化金融业务布局，创新发展绿色金融和碳金融。优化新兴产业公司功能定位、核心业务，综合能源、电子商务等业务市场开拓有力。稳妥推进海外工程履约，境外项目保持全部盈利。

强化精益管理

牢固树立"过紧日子"思想，强化成本精益管理。发挥集团资信优势，加大统一融资力度，节约财务费用。强化债务管控和亏损企业治理。建成同期线损系统，综合线损率同比下降。严格综合计划和预算执行，持续强化精准投资。

综合线损率
同比下降

0.53%

在运特高压直流
利用小时数
同比提高

187小时

助力乡村振兴

公司不断夯实乡村振兴电力基础，实施农网巩固提升工程，提升乡村电气化水平和农村供电服务水平，扎实做好定点帮扶工作，全力服务乡村"五大振兴"，助力建设宜居宜业和美乡村。

实施农网巩固提升工程

抓好乡村振兴重点县、其他脱贫地区、革命老区等重点地区电网建设，对符合条件的地区因地制宜实施大电网延伸，满足大规模分布式新能源接入和乡村生产生活电气化需求。有效提升原"三区三州"深度贫困地区、乡村振兴重点县电网建设能力和设备运维水平。

完成农村电网巩固提升工程
11.6万项
推动建成乡村电气化项目
3388项
受益群众
987万人

▶ 国网杭州供电公司员工服务美丽乡村建设

提升农村供电服务水平

做好供电优质服务工作，根据农业生产规律和特点，制定二十四节气表，全力保障春耕春灌、秋收秋种等重要农时用电工作。开通灌溉用电"绿色通道"、推广扫码用电实现"即扫即用"，精细化服务高标准农田建设、农村排灌等重要项目用电，助力国家粮食安全。强化供电服务员工教育培训与能力培养，持续打造新时代本领过硬的服务"三农"工作员工队伍。

全力保障经营区域内农村电力安全可靠供应，服务

130 万个排灌台区

3 亿个农村客户

公司连续五年在中央单位
定点帮扶工作考核中
被评价为
"好"

各省公司在地方乡村
振兴考评中全部
被评价为
"好"

扎实做好定点帮扶工作

夯实产业振兴电力基础，强化农村重点产业项目供电保障，及时安排配套电网建设项目。深入实施产业帮扶，加大招商引资力度，打造"一县一品"特色品牌。持续开展消费帮扶，推动农产品进食堂、进工会和职工爱心订购。落实"雨露计划＋"就业促进行动，积极吸纳脱贫家庭学生就业。开展结对帮扶，帮助增强基层党组织战斗力和凝聚力。

投入帮扶资金
1.65 亿元

消费帮扶
5.5 亿元

参与结对帮扶党组织
526 个

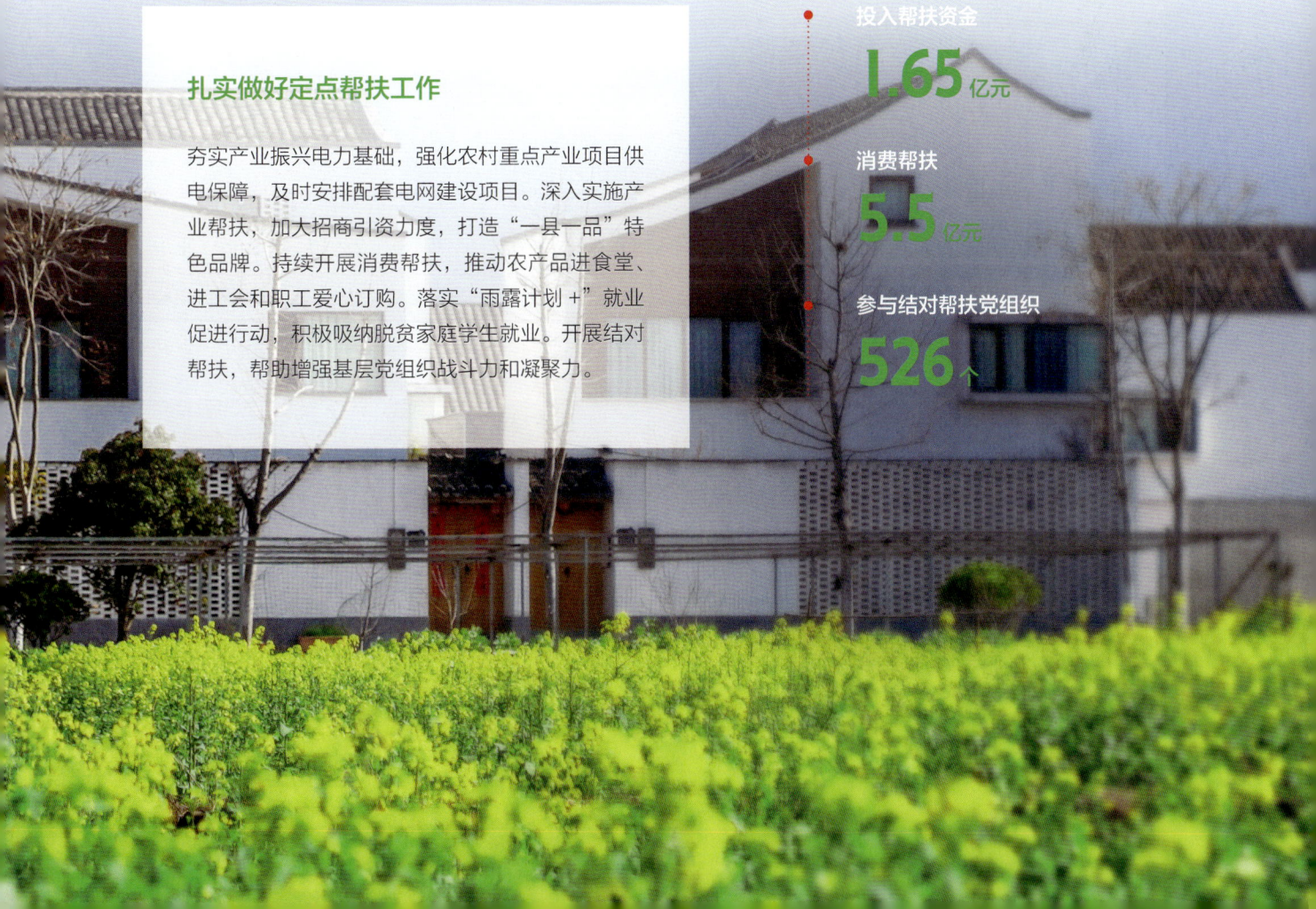

促进共同富裕

公司发挥国有经济在促进共同富裕中的功能和作用，对接新时代促进共同富裕的内涵要求，促进东西部协调发展，大力实施援疆援藏，履责担当、作好表率，为实现共同富裕贡献力量。

加快电网高质量发展
保障经济社会可靠供电

贯彻落实党中央关于新疆工作、西藏工作的重大决策部署，加快电网高质量发展，在新疆、西藏和涉藏州县完成固定资产投资

307亿元。

加大艰苦边远地区
就业支持力度

对西藏、新疆等艰苦边远地区，实行本地生源及少数民族学生"优先招聘、优先面试、优先录用，降低学历、降低专业、降低录取分数"招聘政策。

选拔当地贫困大学生和高中生分别进行订单和定向培养，支持当地人才就业及社会发展。

▶ 阿里联网工程让更多农牧民用上了安全可靠的大网电

国网昌吉供电公司员工向村民讲解安全用电知识 ◀

推动能源低碳转型

新疆

在新疆建成覆盖全疆所有地州市的 750 千伏电网。
充分发挥疆电外送通道作用，累计外送疆电突破 **6000** 亿千瓦时。

西藏和涉藏州县

在西藏先后建成 **4** 条"电力天路"，实现了西藏电网发展历史性跨越。
开工川渝联网特高压交流工程。
在青海实现连续 **35** 天全省 **100%** 清洁能源供电。

促进交往交流交融

组织 **265** 名年轻骨干和技术管理人才开展援疆援藏帮扶。

派驻 **77** 个工作队和 **320** 名驻村干部，
承担 **114** 个村的驻村工作，
惠及近 **3** 万户、**11** 万人。

开展"民族团结一家亲"创建活动。

提供优质服务

公司始终坚持以人民为中心的发展思想，牢记人民电业为人民的企业宗旨，秉持"你用电·我用心"服务理念，更好地满足客户多元化、个性化需求，电力营商环境持续优化，供电服务品质明显提升，满足人民美好生活需要方面的作用充分彰显。

积极改善电力营商环境

进一步提高办电服务效率，精简办电环节，压缩办电时间，经营区 160 千瓦及以下小微企业"三零"服务实现全覆盖，27 家省公司实现企业"一证办电"、居民"刷脸办电"。

"网上国网"注册客户数 **2.6** 亿

办电服务业务接入国家政务服务平台

公司各单位"获得电力"在地方营商环境排名中均**名列前茅**

▶ 国网杭州供电公司员工服务菊花种植与加工产业

为美好生活充电　为美丽中国赋能

国网西安供电公司员工开展辖区内汽车充电桩维护工作 ◀

持续优化供电服务

建设现代服务体系，95598 客户服务满意度持续保持行业领先水平。依托 95598、"网上国网"等平台做好信息公开，主动回应客户关切。建成世界规模最大的用电信息采集系统，安装智能电能表5.8 亿只，实现智能电能表全覆盖。深化配电自动化应用，提升城乡供电可靠率。发达地区与落后地区优质服务全覆盖，提供了偏远农村与城市均等化服务。

业扩新增容量完成

6.02 亿千伏安

服务共建"一带一路"

公司秉持共商共建共享原则，统筹国内国际两个市场、两种资源，建设面向全球的生产经营网络。坚持加强国际交流，稳健运营境外资产，有力实现互利互惠合作共赢，持续为高质量共建"一带一路"、推动构建人类命运共同体作出贡献。

加强国际交流

成功举办 2022 能源电力转型国际论坛，共享推动能源转型经验，共商应对气候变化挑战之策，共绘全球能源电力绿色发展美好前景，15 位各国部长，14 位驻华大使，29 位国际能源电力企业主要负责人及来自五大洲 60 多个国家和地区的 700 多位嘉宾出席，引起强烈反响、获得广泛赞誉。主办驻华使节走进国家电网活动，85 个驻华使馆及国际组织驻华代表机构参加，为全方位了解中国践行新发展理念、拓展对话合作机遇提供了重要平台。

▶ 驻华使节步入国家电网——向世界展示真实立体全面的央企形象。外交部官方网站：驻华使节赞叹"中国国家电网建设规模之大、科技之领先、成绩之恢宏，令人叹为观止"

▶ 举办 2022 能源电力转型国际论坛

稳健运营境外资产

积极参与"一带一路"建设，稳健扩展国际业务。发挥好全球能源互联网发展合作组织、能源电力转型国际论坛等平台作用，为全球能源治理贡献中国方案。

在全球
46 个
国家和地区开展国际业务

跨国输电线路年度交易电量
47 亿千瓦时
累计超过
420 亿千瓦时

公司承建的土耳其首个直流工程凡城项目建成投运

东非电力高速公路埃塞俄比亚—肯尼亚±500 千伏直流输电工程建成投运

成功中标德国海上风电柔性直流送出、印度尼西亚高级智能计量系统等项目

与周边国家建成跨国输电线路
10 条

成功中标巴西绿地输电特许权

▶ 巴基斯坦默拉直流输电工程投入商业运行

在巴西，巴西美丽山特高压输电项目是整个美洲电压等级最高、技术最先进的国家级骨干输电项目

获评联合国
"第二届全球减贫案例征集活动"

联合国全球
契约组织

最佳减贫
案例

可持续发展
优秀案例

社会责任管理
最佳实践奖

在巴基斯坦，投资建设运营的默拉直流输电项目

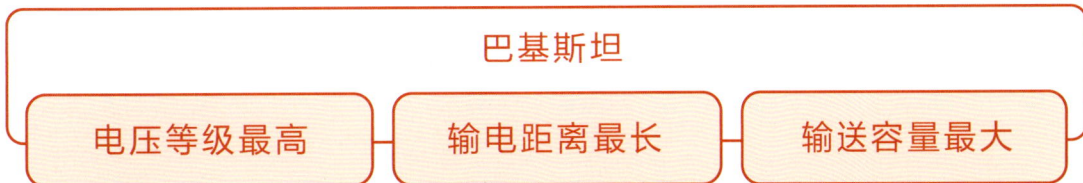

巴基斯坦

电压等级最高

输电距离最长

输送容量最大

在埃塞俄比亚，承建的500千伏输变电工程是非洲最先进的输变电工程

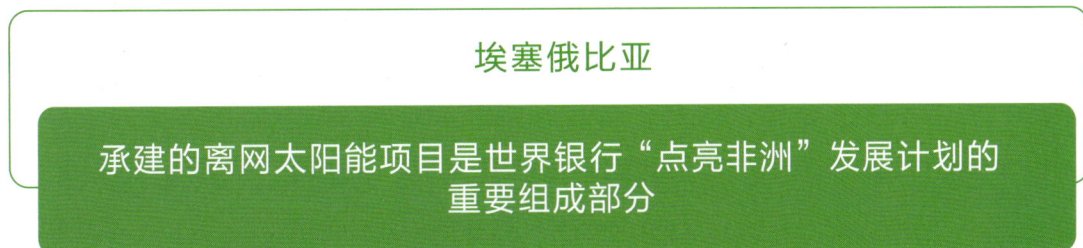

埃塞俄比亚

承建的离网太阳能项目是世界银行"点亮非洲"发展计划的重要组成部分

建设巴西、巴基斯坦、埃及、埃塞俄比亚、波兰等国家级重点骨干电网项目

打造原创技术策源地
实现高水平科技自立自强

公司加大科技攻关和科研改革力度，为实现高水平科技自立自强提供重要支撑。强化关键核心技术攻关，勇当原创技术的"策源地"。持续完善创新体系，不断增强科技创新策划力、整合力、带动力。

强化核心技术攻关

具有自主知识产权的特高压套管实现规模化应用，新一代调度技术支持系统正式运行，4500 伏 IGBT（绝缘栅双极型晶体管）产品研发成功。电网安全实验室纳入首批全国重点实验室建设序列。

激发创新创造活力

加大研发投入，优化科研布局，着力打造新型电力系统原创技术策源地。发挥创新联合体作用，协同开展基础前瞻研究。统筹推进技术攻关、标准制定、专利布局和工程示范，加快成果转化应用。进一步创新科研管理模式，完善技术创新容错机制。

牵头
立项国际标准
50项
发布
19项

获得中国电力
科学技术奖一等奖
11项

获得国际 QC
小组活动金奖
35项

牵头立项国家
重点研发计划项目
24项
为历年之最

柔性直流换流阀厅 ◂

公司拥有

中国电科院院士 **5**人

国家级专家人才 **382**人

（享受国务院政府特殊津贴人员 **132**人）

国际标准化人才 超过 **600**人	硕士研究生及以上 技术人员 **23800**人	高级工程师及以上 人员 **145000**人

▶ 中国电科院科研人员开展高比例新能源接入电网的数据混合仿真试验

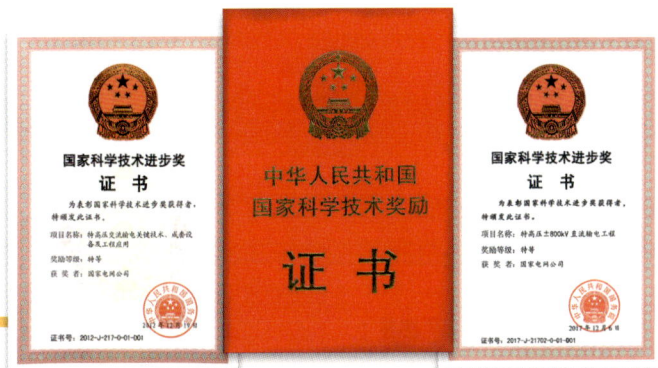

公司累计获得

国家科学技术奖 **91** 项　　特等奖 **2** 项　　一等奖 **9** 项

专利拥有量 连续 12 年位居 **央企第一**	获第 23 届中国专利奖 **6** 项 其中 金奖 1 项　银奖 2 项	中国标准创新贡献奖 **4** 项 其中 一等奖 1 项　组织奖 1 项

深化改革

公司统筹国资国企改革、电力体制改革和内部改革，积极落实加快建设全国统一电力市场体系指导意见，实现国企改革三年行动圆满收官，持续完善中国特色现代企业制度，推动各项改革攻坚突破、落地见效。

国企改革

三年行动圆满收官，省管产业深化改革积极稳妥推进，生产管理模式不断优化。

电力体制改革

不断完善电力市场交易机制，坚持中长期为主、现货余缺互济、应急调度救急，深化统一市场、两级运作体系建设。

内部改革

持续推进三项制度改革，加强"五强三优"坚强总部建设。

国企改革三年行动完成重点改革任务

117项

世界银行"获得电力"排名

第**12**位

市场化交易电量

4.13万亿千瓦时

国能生物改革和省管产业深化改革积极稳妥推进

三项制度改革

国有企业 ┤ 劳动 / 人事 / 分配 → 内部变革

公司董事会获评

**中央企业
优秀董事会**

中国电科院、国网数科公司
在国务院国资委专项工程考核中获评

标杆企业

中国电力报

编者按：国家电网有限公司以习近平新时代中国特色社会主义思想为指导，认真落实党中央国务院全面深化改革决策部署，坚持以更广范围、更深层次、更大力度的改革创新推动公司更高质量发展，稳妥有序推进国企改革、内部改革等各项改革，切实用好改革"关键一招"，**改革决心坚定、改革力度空前、改革成效显著。**

① 优化业务布局　促进转型升级　推动"一体四翼"高质量发展

② 推进管理模式变革　提升公司管理效能　完善中国特色现代企业制度

③ 蹄疾步稳　活力更足　统筹推进"三项制度"改革

④ 建设高素质人才队伍　锻造新时代中坚力量　为企业高质量发展提供强劲引擎

⑤ "一张网"点亮陕西民众美好生活　"一张网"扩展三秦百姓幸福半径

⑥ 胸怀"国之大者"锚定奋斗目标　国家电网高质量发展的战略密码

依法治企

公司切实发挥法治引领、规范和保障作用，强化合规管理，完善内控机制，建设"信用国网"数字生态系统，健全"以案促管"长效机制，持续推进风险、内控、合规一体化管理，提升依法防范化解重大风险的能力和水平。

强化依法合规

细化"三重一大"事项决策权责清单，推动董事会建设和规范运行。持续完善企业法人治理结构，制定强化提升董事会建设和运行的 20 条措施。出台省管产业、市场化产业依法合规经营清单。

防范各类风险

全面覆盖应用数字化法治企业建设平台，有效实现法律合规风险在线识别、分析、评估、防控，筑牢风险管控新屏障。积极配合审计署开展可再生能源电价补贴专项审计、特高压电网工程专项审计调查、经济责任审计，加强资金回收、债权债务清理，有效防范经营风险。

扎实开展"合规管理强化年"和"以案促管"专项行动，加强重大案件处置，避免和挽回经济损失

21家

重要子企业全面完成落实董事会职权实施方案

225家

子企业建立董事会

开放透明　沟通合作

公司始终坚持透明运营理念，持续加强信息披露，常态化开展利益相关方沟通，以互利共赢理念促进可持续发展伙伴关系建设，不断增进社会各界对公司的情感认同、价值认同，凝聚可持续发展合力。

持续加强信息披露

主动向利益相关方和社会各界披露全面履行"三大责任"的意愿、行为和绩效。连续 17 年发布社会责任报告，保持央企最早最长发布纪录。编制中央企业首份绿色低碳发展报告，获世界经济论坛创始人施瓦布高度赞誉，国务院国资委社会责任局、中国工业经济联合会发函肯定。控股上市公司全部编发 ESG（环境、社会和公司治理）报告，国电南瑞、国网英大、国网信通入选"央企 ESG·先锋 50"系列指数。

编发社会责任报告、专项报告、国别报告、服务地方经济发展履责报告

321 本

公司社会责任报告首次参加中国社科院评级，获评最高等级

"五星佳"级

公司入选

"央企责任管理·先锋 30"指数

公司报告获得

"金蜜蜂优秀企业社会责任报告·长青四星"

公司发布首份中央企业绿色低碳发展报告

11月9日，公司在联合国气候变化大会中国角相关活动上发布绿色低碳发展报告，获世界经济论坛创始人施瓦布高度赞誉；国务院国资委发函肯定公司发布首份中央企业绿色低碳发展报告，彰显了负责任的良好社会形象；中国工业经济联合会致信祝贺报告受到与会各国代表和全球各大媒体广泛关注和好评。

公司系统 6 家控股上市公司全部发布 ESG 报告

公司加强 ESG 信息披露，进一步优化披露内容，指导控股上市公司持续编发高质量的 ESG 报告，6 家控股上市公司全部发布 ESG 报告，提前一年完成国务院国资委要求的"力争到 2023 年专项报告披露全覆盖"，全面展示公司在环境、社会和公司治理等方面的工作成效。

推进媒体深度融合

打造"一平台四中心"一体化全媒体平台，优化国家电网 15+5 官方媒体矩阵、四级媒体传播集群，构建资源集约、结构合理、协同高效的全媒体传播体系。制作发布新媒体短视频原创作品 2300 余个，多个作品登上话题热搜榜。

▶ 公司推进重大工程建设等工作内容被媒体报道

开展利益相关方沟通

加强与政府部门、合作伙伴、员工、社区、公众及行业组织的有效沟通，组织开展形式多样的"社会责任周""社会责任月"和"公众开放日"活动。开展"金钥匙——面向 SDG 的中国行动"国家电网主题赛，向海内外展示实现可持续发展目标的国网方案、中国方案。公司员工童充、杨建立分别获评"2022 联合国可持续发展目标"全球先锋、中国先锋，全球先锋实现央企零突破。

利益相关方沟通活动开展数量超

5 万次

利益相关方沟通活动公众参与人数超

160 万人次

加快媒体融合向纵深发展

融有"道"
建成统一的融合
发展媒体平台

融有"法"
建立高效的融合
发展工作格局

融有"术"
形成多元的融合
发展内容体系

融有"为"
提升全面的融合
发展传播效果

新一代一体化、数字化、智能化企业级全媒体平台

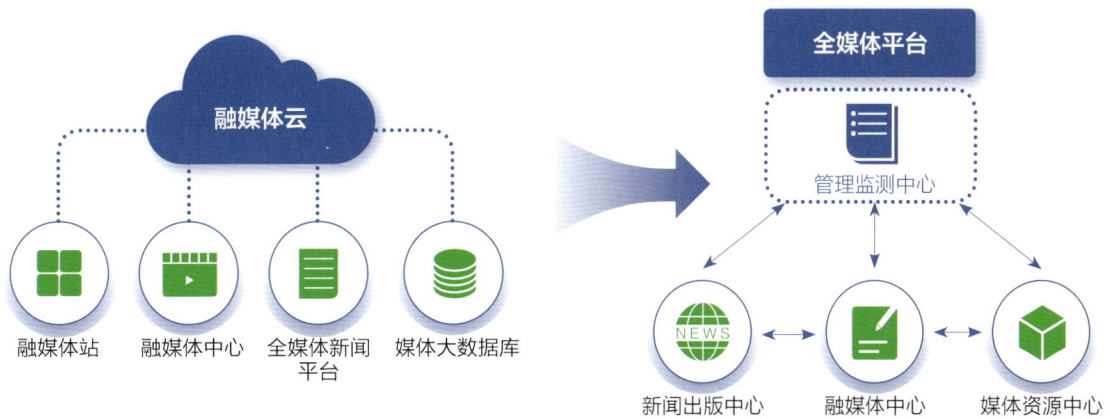

融媒体云

融媒体站　融媒体中心　全媒体新闻平台　媒体大数据库

全媒体平台

管理监测中心

新闻出版中心　融媒体中心　媒体资源中心

国家电网全球传播新媒体矩阵

中文官网　微信　微博　头条号　强国号

央视频　抖音　快手　视频号　bilibili

人民号　澎湃号　百家号　网易号　知乎号

英文官网　Facebook　Twitter　Instagram　You Tube

支持公益事业

公司积极参与社会公益事业，开展助学、助老、助残等社会救助活动，实施重大自然灾害救助，展现央企责任担当。聚焦"服务乡村振兴、服务能源绿色低碳发展、扶危济困、奉献爱心"四大主题实施"四大工程"开展十四项行动，重点打造"候鸟生命线""生命鸟巢""电力爱心超市"和"电力爱心教室"等公益品牌。

开展社会公益捐赠

面对自然灾害、急难险重，发挥国家电网公益基金会资金募集和调配功能，向四川省慈善联合总会捐赠 5000 万元支持四川泸定抗震救灾各项工作。与 11 家单位共同出资设立中国弘扬延安精神基金会。开展青海玛多县帮扶援助、西藏措勤对口支援、湖北"三县一区"定点帮扶等重点捐赠项目，支持见义勇为和残疾人救助事业。

▶ 公司"电力爱心教室"公益品牌项目的首个试点校——福建龙岩新罗革命老区白沙电力希望小学的同学们用手中的画笔表达对辛保安董事长和公司的感谢

公司多次荣获中华慈善奖

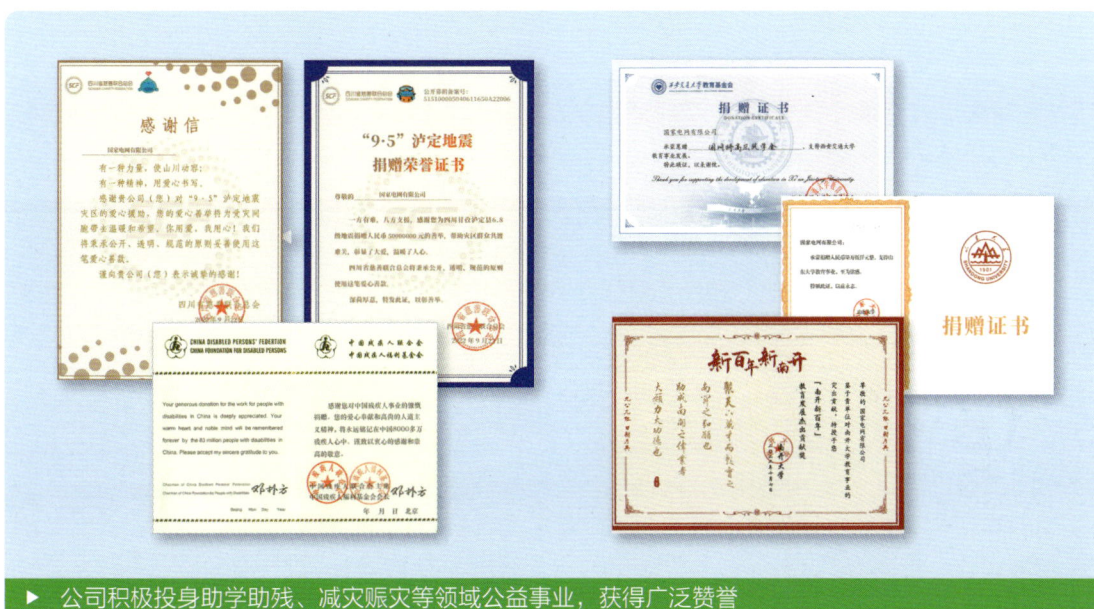

2006 年　2008 年　2009 年　2010 年　2011 年　2013 年　2021 年

第二届"中…… 第四届"中…… 第五届"中华慈善奖" 第十一届"中华慈善奖" 第六届"中华慈善奖" ……慈善奖 ……华慈善奖

▶ 公司积极投身助学助残、减灾赈灾等领域公益事业，获得广泛赞誉

国网爱心工程
122 个

国网光明工程
29 个

对外捐赠项目
746 个

国网赋能乡村工程
562 个

国网绿色工程
33 个

实施公益品牌项目

"电力爱心教室"公益品牌项目获第十届全国人大常委会副委员长顾秀莲同志批示肯定。"候鸟生命线""生命鸟巢"和"绿电方舟"项目在《国际湿地公约》第十四届缔约方大会（Ramsar COP14）、《联合国气候变化框架公约》第二十七次缔约方大会（UNFCCC COP27）和《生物多样性公约》第十五次缔约方大会(CBD COP15)相关边会上展示。反映公司促进生物多样性保护的6部短视频作品在 CBD COP15 大会期间被生态环境部在全媒体平台集中推送。

"候鸟生命线""生命鸟巢""电力爱心超市"和"电力爱心教室"公益品牌重点项目

- 组织活动 **400** 余次
- 参与志愿者队伍 **342** 支
- 志愿者近 **2000** 人
- 志愿服务活动时长近 **2000** 小时

▶ 东方白鹳在输电铁塔上的鸟巢中照顾雏鸟

候鸟生命线
国网绿色工程
SGGP

覆盖我国 15 个省份、东西部多条候鸟迁徙主要线路。

"候鸟生命线"公益品牌项目是公司深入学习贯彻近平生态文明思想，落实国家电网"碳达峰、碳中和"行动方案，助力生态系统保护、促进电网与鸟类和谐共生的重点品牌项目，也是"国网绿色工程·护线爱鸟行动"的公益项目之一。

生命鸟巢
国网绿色工程
SGGP

由青海三江源推广至四川、内蒙古、甘肃、新疆、西藏 5 省（区）高原草原地区，因地制宜进一步助力边疆生态和谐电网建设。

"生命鸟巢"公益品牌项目是公司深入学习贯彻习近平生态文明思想，落实国家电网"碳达峰、碳中和"行动方案，助力边疆生态和谐、促进电网与鸟类和谐共生的重点品牌项目，也是"国网绿色工程·护线爱鸟行动"的公益项目之一。

电力爱心超市
国网赋能乡村工程
SGREP

完成公司全部经营区域 26 个省份全覆盖，建成全国 325 家"实体＋线上"超市。

"电力爱心超市"公益品牌项目是公司贯彻落实党中央、国务院关于全面推进乡村振兴战略部署，服务乡村振兴、促进乡村文明的重点品牌项目，也是"国网赋能乡村工程·文化育农行动"的公益项目之一。

电力爱心教室
国网爱心工程
SGCP

在 11 个省份推广，完成 8 省 18 所学校光源环境改造及部分校园特色化公共设施升级。

"电力爱心教室"公益品牌项目是公司深入学习贯彻党中央、国务院关于促进教育公平与质量提升的工作重点，落实提升青少年近视防控的相关要求，紧密围绕公司电力供应和清洁用能等方面的企业优势，支持和促进我国教育事业发展的重点品牌项目，也是"国网爱心工程·春苗培育行动"的公益项目之一。

以人为本　关爱员工

公司牢固树立人才是第一资源的理念，建立多渠道、多层次人才引进和培养机制。坚持以人为本、关爱员工，实施更多有温度、暖人心的举措，切实增强员工获得感。强化民主管理，切实保障员工工作安全和生命健康安全，激发广大员工干事创业活力。

国家电网公司党组致全体干部员工的一封信

冬阳暖华夏，万物正生发。新冠肺炎疫情爆发以来，公司全体干部员工坚决贯彻党中央、国务院决策部署，严格落实公司党组工作要求，不忘初心、不移其志，闻令而动、挺身而出，全网"一盘棋"、上下"一条心"、八方"一股绳"，不断刷新忠诚担当的"国网速度"，积极践行"病毒不退、我们不撤"的铿锵誓言，用实际行动彰显了国家电网人的使命和荣光！

你们坚守的岗位，是抗击疫情的坚强防线。公司作为关系国家能源安全和国计民生的国有重点骨干企业，保障电力可靠供应，是党和国家赋予的神圣使命与重大责任。面对严峻疫情斗争，你们以最快速度确保新增防疫用电需求，以最高标准保障医疗单位、医疗生产企业等重点单位供电，以最大范围满足人民群众放心用电、满意用电。你们以钢铁般的意志和行动，坚守在调度监控屏幕前、奋战在建设检修现场中、行进在抢修复电道路上、服务在电力客户贴身处，用心用情守护了万家灯火，架起了党与群众的连心桥！

你们战斗的身影，是逆风而行的最美姿态。面对前所未有的困难，你们讲政治、顾大局，舍小家、顾大家，宁负自己、不负人民，前仆后继、接续战斗。不碰面交接的"留言板"满是同袍情谊，95598 的"沙哑音"传递真心温情，办电窗口的"口罩脸"难遮盈盈笑意，巡线跋涉的"虚弱腿"尽显精神伟力，不停歇的"39℃"迎战凛冽寒风。你们提着行李箱走出家门的坚毅身影、你们因为冰冻无法摘下的安全帽、你们满是口罩勒痕的疲惫脸庞……人微光、充满力量，我们看在眼里、铭记心上，再次致敬每一位在疫情中坚守的国网人，你们以坚韧之姿守护光明、用浓情暖意充盈寒冬！

国网人有直面风雨的铮铮铁骨，也有想家念家的绵绵柔肠，病倒的老人稚子、操劳的伴侣，疫情阻隔的奔赴与陪伴，是最深的牵挂、最歉疚的亏欠。在此，谨向全体干部员工家属真诚地道一声"辛苦"，道一声"感谢"！

同志们，公司党组始终关心关注着你们的生命安全和身体健康，希望你们在做好本职工作的同时，做好防护、关爱家人，张弛有度、科学作战，做好自身健康的第一责任人。公司党组是你们的坚强后盾，各级党组织是你们的有力后援，全体国网人是你们的亲密依靠，只要我们万众一心，就没有翻不过的山；只要我们心手相牵，就没有跨不过的坎。

国家电网公司党组致全体干部员工的一封信引发热烈反响

党组一封公开信　家书万金暖人心

党组的一封信，如同冬日里的暖阳，照进每位干部员工及家属的心。党组的暖心关怀和悉心问候，温暖了全体国家电网人。

▶ 党组公开信中"95598 的'沙哑音'传递真心温情"

▶ 党组公开信中"因为冰冻无法摘下的安全帽"

党组一封公开信　鼓舞士气强信心

公司党组公开信让干部员工备受鼓舞、倍增干劲，铿锵有力的话语，好似一道曙光，带领大家驱散严寒、奉献光明。

▶ 党组公开信中"以最高标准保障医疗单位、医疗生产企业等重点单位供电"

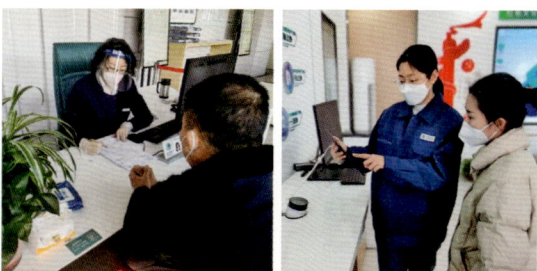
▶ 党组公开信中"办电窗口的'口罩脸'难遮盈盈笑意"

党组一封公开信　激励奋斗筑同心

公司党组公开信向全体干部员工吹响了前进的号角，鼓舞着干部员工奋勇向前，以时不我待的精神、分秒必争的行动，再接再厉作出更大的国网贡献。

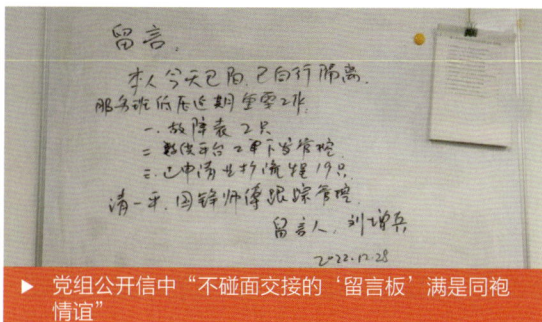
▶ 党组公开信中"不碰面交接的'留言板'满是同袍情谊"

▶ 党组公开信中"巡线跋涉的'虚弱腿'尽显精神伟力"

打造一流人才队伍

积极创新专家人才体系建设，建立多渠道、多层次的人才引进和培养机制，建立量才选用、人尽其才的动态管理机制。实施青年人才托举工程，推动青年科研人员在公司科技攻关团队中的占比提升。开展大力弘扬劳模精神、工匠精神集中宣传活动，深化劳模工匠"四进"宣讲、职工"四学"活动，为劳模先进辈出搭平台、建舞台，使先进典型的影响力、感召力、带动力得到充分发挥。中央宣传部向全社会宣传发布钱海军同志的先进事迹，授予他"时代楷模"称号。

评选国网工匠
20 名

青年托举人才
35 名

7 个集体荣获
全国五一劳动奖状

23 名职工荣获
全国五一劳动奖章

27 个集体荣获
全国工人先锋号

2 名职工荣获
"全国三八红旗手"称号

3 个集体荣获
"全国学雷锋活动示范点"

2 名职工荣获
"全国岗位学雷锋标兵"

1 名职工入围
中国青年五四奖章

不断推进民主管理

坚持全过程企业民主，切实维护职工合法权益。印发《职工民主管理纲要》《企业民主管理规则》，对维护职工主人翁地位作出制度安排。全力打造凝心聚力、协商议事、上下沟通、服务职工4个平台，

形成职代会、厂务公开、诉求管理等10个工作载体的工作体系。坚持在涉及职工切身利益的改革中严格履行民主程序，充分听取职工意见并在事前向职工公示。

2022年,开展"安全有我"合理化建议活动,广大职工围绕
保安全稳定、保可靠供电、保一方平安
建言献策

- 参与职工 **38** 万余人（次）
- 班组 **3** 万余个（次）
- 提出建议 **36** 万余条

积极为职工办实事

始终坚持以职工需求为导向，健全多层次保障体系，做好医疗、健康等后勤服务保障。回应职工美好生活需要，开通心理援助热线2405条。全员"悦读行动"形成氛围，各级领导带头读书学习，总部职

工向新疆、西藏职工捐赠图书，建立班组书箱漂流机制。关心关爱女职工,实现"两癌"筛查全覆盖。建设高原氧吧,缓解高海拔给职工身体健康带来的不利影响。

开通心理援助热线 **2405** 条
服务 **26** 万人次

建成实体书屋 **7124** 个

建成妈咪小屋 **1704** 个

建成高原氧吧 **382** 个
新增弥散式供氧面积 **11** 万平方米

全国道德模范　刘源

时代楷模　张黎明

大国工匠　王进

全国劳模　夏增明

全国劳模　阿曼吐尔·依沙木丁

全国劳模　徐川子

全国劳模　谢邦鹏

彰显时代精神的

先进典型

全国道德模范 赵庆祥

时代楷模 钱海军

全国道德模范 周维恩

央企楷模 许启金

全国劳模 王月鹏

全国劳模 周海萍

全国劳模 李征

附录

利益相关方沟通与参与

利益相关方

政府

股东

用户

伙伴

主要关注议题

- 坚持党的领导加强党的建设
- 贯彻党中央决策部署
- 落实国家战略服务新发展格局
- 保证电力供应
- 保障能源安全
- 促进绿色转型
- 助力乡村振兴
- 服务"双碳"目标
- 确保国有资产保值增值

- 依法治企
- 深化改革
- 推进电网建设增强国家综合实力
- 确保国有资产保值增值
- 推动"一体四翼"高质量发展
- 打造原创技术策源地实现高水平科技自立自强
- 服务共建"一带一路"

- 保证电力供应
- 保障能源安全
- 提供优质服务
- 开放透明沟通合作
- 促进共同富裕

- 落实国家战略服务新发展格局
- 打造原创技术策源地实现高水平科技自立自强
- 服务共建"一带一路"
- 推进电网建设增强国家综合实力
- 推动"一体四翼"高质量发展

沟通与参与方式

- 专题会议
- 定期汇报
- 战略合作

- 董事会
- 工作会议
- 定期汇报
- 内部巡视

- 95598客户服务平台
- "网上国网"App
- 营业厅

- 行业交流
- 战略合作
- 供应商服务中心

公司注重利益相关方的沟通与参与，基于公司日常运营和管理、议题范畴、影响程度等因素，识别与遴选出对公司发展产生重要影响的内外部利益相关方。通过常态化的沟通与监督机制，回应关键利益相关方的关注点，进而构建紧密关系，形成可持续发展共识。

员工	环境	社会	媒体

- 以人为本
  关爱员工
- 推动"一体四翼"
  高质量发展
- 依法治企
- 深化改革
- 支持公益事业

- 促进绿色转型
- 服务"双碳"目标
- 支持公益事业

- 开放透明　沟通合作
- 服务"双碳"目标
- 助力乡村振兴
- 支持公益事业
- 促进共同富裕

- 保证电力供应
- 保障能源安全
- 促进绿色转型
- 推动"一体四翼"
  高质量发展
- 打造原创技术策源地
  实现高水平科技自立
  自强
- 开放透明　沟通合作
- 提供优质服务
- 深化改革
- 依法治企

- 员工满意度调查
- 职代会
- 董事长联络员调研

- 依法信息披露
- 环境影响评估
- 公众开放日

- 公众开放日
- 志愿者活动
- 新闻发布会

- 新闻发布会
- 媒体采访与传播
- "走进国家电网"活动

实质性议题分析

把握公司在中国式现代化中的新方位，领会高质量发展对公司提出的新要求，统筹政治、经济、社会"三大责任"，通过利益相关方征集、新闻舆情信息采集、内外部专家建议、公司各部门各单位履责实际、社会责任标准对标等多种方式收集实质性议题，结合 2022 年全球可持续发展趋势和公司发展战略方向及利益相关方诉求，对实质性议题进行了分析和调整，最终形成了 20 项实质性议题。

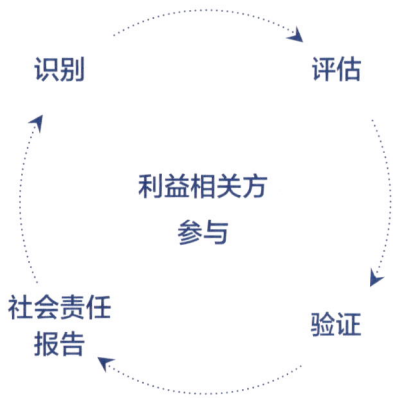

识别　→　评估

利益相关方
参与

社会责任
报告　　验证

在此基础上，我们遵照国际国内相关标准中关于可持续发展议题管理及信息披露的要求，按照实质性、完整性和利益相关方参与原则，整理媒体报道信息，了解媒体重点传播主题，分析获得利益相关方对于议题的关注度。同时，我们参考中国电力报、国家电网报、国家电网杂志、亮报等行业媒体，考量议题对公司创造经济、社会、环境综合价值的影响力，结合公司的战略和经营方针，对实质性议题的初步评估结果进行验证。

我们遵照《国家电网公司履行社会责任指南》，应用"价值创造（内生动力）—社会关注（外在动力）"二维矩阵评估议题的重要性。"内生动力"考量议题对经济、社会、环境综合价值创造的相关性、重要性和可行性，"外在动力"考量政府、股东、用户、合作伙伴、国际社会等利益相关方对议题的关切程度，综合分析 20 项实质性议题的重要性并进行排序。

社会关注维度

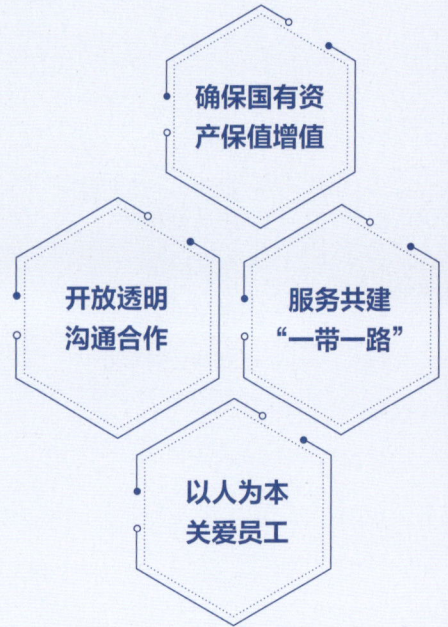

确保国有资
产保值增值

开放透明
沟通合作　　服务共建
"一带一路"

以人为本
关爱员工

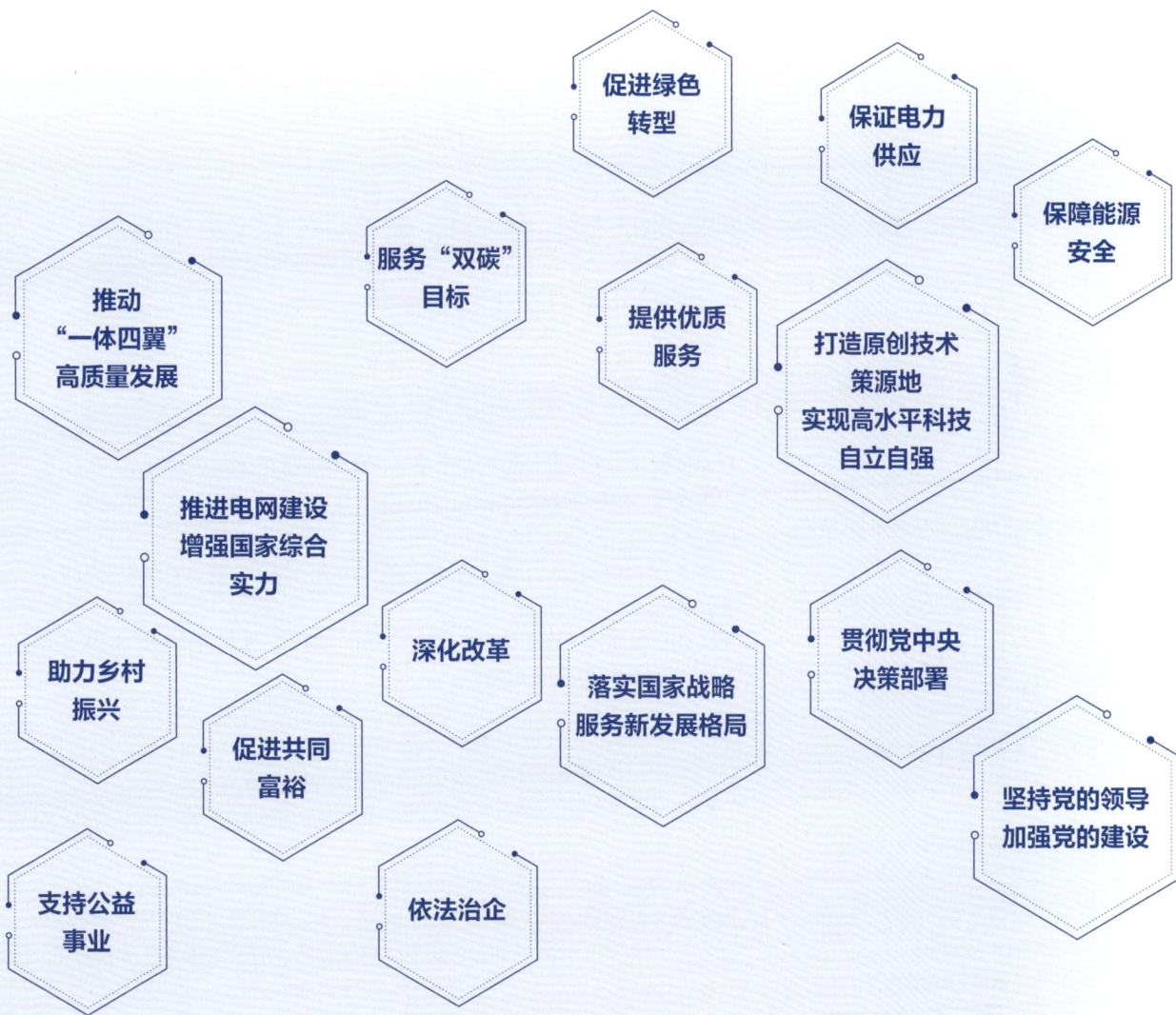

促进绿色
转型

保证电力
供应

保障能源
安全

服务"双碳"
目标

推动
"一体四翼"
高质量发展

提供优质
服务

打造原创技术
策源地
实现高水平科技
自立自强

推进电网建设
增强国家综合
实力

深化改革

落实国家战略
服务新发展格局

贯彻党中央
决策部署

助力乡村
振兴

促进共同
富裕

坚持党的领导
加强党的建设

支持公益
事业

依法治企

价值创造维度

联合国"全球契约"行动绩效

"全球契约"十项原则	行动绩效
人权 1. 尊重和维护国际公约规定的人权 2. 决不参与任何漠视与践踏人权的行为	• 尊重维护每一位员工的合法权益，公平公正对待不同国籍、种族、宗教信仰、性别的员工。 • 平等协商签订集体合同，集体合同覆盖率达 100%，劳动合同签订率达 100%。
劳工 3. 维护结社自由，承认劳资集体谈判权利 4. 消除各种形式的强迫性劳动 5. 消除童工 6. 杜绝用工歧视与职业歧视	• 健全维护职工主人翁地位的制度设计，全力打造凝心聚力、协商议事、上下沟通、权益保障 4 个平台，形成职代会、厂务公开、职工满意度测评等 10 项工作载体，经验做法在中央企业全面推广。 • 严格遵守《劳动法》《劳动合同法》等法律法规规定，禁止强制用工和雇佣童工。 • 坚持公平雇佣，杜绝因种族、肤色、国别、民族、性别、年龄、文化、身体状况等方面的歧视现象。
环境 7. 对环境挑战未雨绸缪 8. 主动承担更多的环保责任 9. 鼓励无害环境技术的发展和推广	• 积极应对气候变化，编制企业碳达峰行动方案。推动资源节约利用，深化实施电能替代，推进终端能源消费电气化。实现冬奥 100% 绿电供应。构建新型电力系统，推动构建清洁低碳、安全高效的能源体系。 • 编制发布中央企业首份绿色低碳发展报告。创新开展绿证交易，达成绿证交易 145 万张；完成绿电交易 152 亿千瓦时，组织总部办公用能参与绿电交易，公司成为首个总部用能全绿电的央企。 • 大力支持新能源发展。新能源云入选进博会"零碳中国"十大创新技术，经营区新增风光新能源并网装机容量 1.04 亿千瓦，利用率保持在 97% 左右，服务新能源水平进一步提升。
反贪污 10. 反对任何形式的贪污、勒索和行贿受贿	• 聚焦管党治党责任落实，强化对领导班子特别是"一把手"的监督，促进廉洁干事、担当作为。 • 深入开展廉洁文化、家风建设，从源头上防范廉洁风险。

GRI 实质性披露

披露项	应对举措及页面参考
GRI2：一般披露 2021	
1. 组织及其报告做法	
2-1 组织详细情况	国家电网有限公司以投资建设运营电网为核心业务，是关系国家能源安全和国民经济命脉的特大型国有重点骨干企业。总部所在地为中国北京。公司经营区域覆盖我国 26 个省（自治区、直辖市），在全球 46 个国家和地区开展国际业务
2-2 纳入组织可持续发展报告的实体	详见组织机构
2-3 报告期、报告频率和联系人	报告期为公历 2022 年，报告频率为每年发布一次。联系人电子邮件：cao-yinghui@sgcc.com.cn；联系电话：010-66598367；2021 年 CSR 报告发布的日期为 2022 年 7 月
2-4 信息重述	无
2-5 外部鉴证	公司主要领导亲自策划部署、领导推动、审定把关。我们委托《可持续发展经济导刊》杂志社对 2022 年社会责任报告应用全球报告倡议组织《可持续发展报告标准》开展实质性议题分析工作
2. 活动和工作者	
2-6 活动、价值链和其他业务关系	公司经营区域覆盖我国 26 个省（自治区、直辖市），供电人口超过 11 亿
2-7 员工	坚持公平雇佣，杜绝因种族、肤色、国别、民族、性别、年龄、文化、身体状况等方面的歧视现象。所有员工均为长期全职员工
2-8 员工之外的工作者	为公司工作的所有工作者都是员工，并且没有任何员工之外的工作者
3. 管治	
2-9 管治架构和组成	公司由国家单独出资。国务院国资委作为履行出资人职责的机构依据有关法律、行政法规和国务院授权，代表国务院对公司履行出资人职责，享有出资人权益。根据《中国共产党章程》规定，经上级党组织批准，设立中国共产党国家电网有限公司党组。公司党组设书记 1 名，其他党组成员若干名。

续表

披露项	应对举措及页面参考
2-9 管治架构和组成	中央纪委国家监委向公司派驻驻国家电网有限公司纪检监察组。公司党组发挥把方向、管大局、促落实的领导作用,依照规定讨论和决定公司重大事项。重大经营管理事项须经公司党组研究讨论后,再由董事会作出决定。公司设董事会,董事会由 7~13 名董事组成。设董事长 1 名、可以设副董事长 1~2 名。依照法律规定,配备 1 名职工董事。董事会是公司的经营决策主体,定战略、作决策、防风险,依照法定程序和相关章程行使对公司重大问题的决策权,并加强对经理层的管理和监督。公司设总经理 1 名,副总经理若干名,总会计师 1 名,对董事会负责,向董事会报告工作,接受董事会的监督管理。董事会闭会期间总经理向董事长报告工作
2-10 最高管治机构的提名与遴选	根据《关于中央企业在完善公司治理中加强党的领导的意见》相关要求,"坚持和完善'双向进入、交叉任职'领导体制,符合条件的党组成员可以通过法定程序进入董事会、经理层,董事会、经理层成员中符合条件的党员可以依照有关规定和程序进入党组"被写入《公司章程》。同时,章程中明确要求"公司党组书记、董事长由一人担任,党员总经理担任党组副书记。公司党组配备主抓党建工作的专职副书记,专职副书记进入董事会且不在经理层任职"
2-11 最高管治机构的主席	公司董事长辛保安同志兼任党组书记
2-12 在管理影响方面,最高管治机构的监督作用	董事会是公司的经营决策主体,定战略、作决策、防风险,负责建立健全公司战略规划研究、编制、实施、评估的闭环管理体系,研究决策公司贯彻党中央、国务院决策部署和落实国家发展战略的重大举措,制订公司经营方针、战略规划和投资计划,制订经营计划,研究工资收入分配、企业民主管理、职工分流安置等涉及职工权益及安全生产、生态环保、维护稳定、社会责任等方面的重要事项等
2-13 为管理影响的责任授权	公司董事会根据公司经营管理状况、业务负荷程度、风险控制能力等因素,科学论证、合理确定授权决策事项范围、具体授权对象及权限划分标准,按照"董事会秘书拟订,党组前置研究讨论、严格把关,董事会决定"的程序,制定授权决策方案,并报国务院国资委备案。根据授权决策方案,将经济、社会和环境方面部分事项授权董事长与总经理进行决策,行权方式为董事会召开董事长专题会议和总经理办公会
2-14 最高管治机构在可持续发展报告中的作用	在报告编制过程中,公司董事长、党组书记辛保安,公司董事、总经理、党组副书记张智刚,公司董事、党组副书记庞骁刚亲自策划部署、领导推动、审定把关。按照国务院国资委工作要求,公司 2022 社会责任报告分别向公司党组和公司董事会进行了汇报,进行了会议审议
2-15 利益冲突	落实透明度要求,严格规范关联交易等经营行为,依法依规强化信息披露,预防和减缓利益冲突
2-16 重要关切问题的沟通	工资收入分配、企业民主管理、职工分流安置等涉及职工权益及安全生产、生态环保、维护稳定、社会责任等方面的重要事项,经党组前置研究讨论后,董事会按照职权和有关规定作出决定,或审议后报国务院国资委决定。以利益相关方理论和社会责任管理理论为基础,结合公司的优秀做法和成功经验,建立规范化、系统化的利益相关方沟通、参与及合作管理模式

续表

披露项	应对举措及页面参考
2-17 最高管治机构的共同知识	为促进公司董事会围绕经济、社会和环境等相关方面工作凝聚共识、共谋发展，通过重要会议、主题培训等方式，建立健全工作机制、有效搭建沟通桥梁，为强化董事会决策质效提供了坚强保障。一是建立会前沟通机制，深化与外部董事沟通交流，每次董事会会议召开前，董事长委托 1 名领导班子成员主持召开会前沟通会，就提交董事会审议议题向外部董事作详细说明，形成共识后再提交董事会审议。二是建立专题培训机制，围绕党和国家政策、能源领域热点等主题，邀请权威专家、相关单位等展开专题培训，促进外部董事相互交流、达成共识，为提高董事会决策效率提供坚强保障
2-18 对最高管治机构的绩效评估	每年年底，由中组部和国务院国资委组织开展对公司董事会和董事成员的考核评价，其中，对董事会评价重点围绕规范性、有效性，包括权责运行、信息沟通、定战略、作决策、防风险、企业发展改革成效，对董事评价重点围绕行为操守、履职贡献，包括忠实勤勉、严以律己、科学决策、监督问效、建言献策
4. 战略、政策和实践	
2-22 关于可持续发展战略的声明	详见致辞
2-23 政策承诺	我们加入联合国全球契约合作组织，按照联合国"全球契约"十项原则等，经董事会审议，披露了人权、劳工、环境、反贪污四个方面的行动绩效，明确声明公平对待不同国籍、种族、宗教、信仰、性别的员工，并在业务开展中，要求合作伙伴、供应商等承诺履行尊重人权的责任。扫描二维码，了解详细信息
2-24 融合政策承诺	公司人力资源部负责员工培训、人才培养、员工薪资等，安全监察部负责员工安全教育、安全能力提升等，工会保障员工民主权益等，其他多个部门协同负责公司员工人权保障事宜。物资部通过负责任的采购，了解并筛选供应商，保障供应商员工人权。尊重保障人权纳入社会环境风险管理、决策管理和采购等活动中，详见《社会与环境风险管理手册》《社会责任融入决策管理手册》。扫描二维码，了解详细信息
2-25 补救负面影响的程序	统筹发展和安全，公司制定印发《国家电网有限公司全面风险管理和内部控制管理办法》，发布全面强化安全责任落实 38 项措施，强化合规管理，完善信息公开制度，健全监督管理体系，加强债务和金融风险、投资风险、法律风险防范，平稳推进各项改革发展任务，确保依法治企、合规经营
2-26 寻求建议和提出关切的机制	在公司最新的制度设计和安排中，涵盖职代会、厂务公开、职工董事、平等协商签订集体合同、合理化建议、董事长联络员、班组自主管理、职工诉求服务、"一句话建言献策"、职工满意度测评等 10 个工作载体
2-27 遵守法律法规	落实法治中国建设要求，全面推进依法治企。自觉把依法合规要求贯穿企业经营发展各方面，强化依法决策，推进合规管理，完善法治监督。坚持"当下改"与"长久立"相结合，不断提高从源头防范化解风险的能力。2022 年，公司未发生重大违规事件

续表

披露项	应对举措及页面参考
2-28 协会的成员资格	中国档案学会，国际档案理事会，中国能源研究会，中国核学会，中国投资协会，中国电力发展促进会，中国会计学会，中国总会计师协会，中国价格协会，中国银行间市场交易商协会，全国党的建设研究会，中央企业党建思想政治工作研究会，中国电力思想政治工作研究会，中国可持续发展工商理事会，中国安全生产协会，中国电工技术学会，中国电力设备管理协会，电气电子工程师学会（IEEE）标准委员会，电气电子工程师学会（IEEE）电力与能源协会（PES），国际大电网会议（CIGRE），中国国际跨国公司促进会，中国对外承包工程商会，中国机电产品进出口商会，中国国际商会，特大电网运行者组织(G015)，亚太电协，全球可持续电力合作组织(G-SEP)，世界可持续工商理事会(WBCSD)，美国爱迪生电气协会，中意企业家委员会理事会，中国产业海外发展协会，上海合作组织睦邻友好委员会，世界经济论坛，中芬创新企业合作委员会，国际电信联盟（ITU-T），中国电力技术市场协会，世界互联网大会，中国电力建设企业协会，中国招标投标协会，中国设备监理协会，中国内部审计协会，中国审计学会，中国法学会能源法研究会，中国职工技术协会，电力文学艺术协会，中国水力发电工程学会，中国大坝工程学会，中国企业联合会，中国工业经济联合会，中国标准化协会，中国质量协会，中国电力企业联合会，中国水利电力质量协会，中国电机工程学会，全球能源互联网发展合作组织
5. 利益相关方	
2-29 利益相关方参与的方法	利益相关方包括：政府，股东，用户，伙伴，员工，社会，环境，媒体。 公司利益相关方参与及合作的基本原则：诚信透明、合理分工、可持续、互利共赢、优势互补。详见《利益相关方参与及合作管理手册》。 扫描二维码，了解详细信息
2-30 集体谈判协议	2022 年，公司所属各单位工会组织代表员工与本单位签订集团合同。集体合同赋予工会组织职工代表权利，每年对集体合同履行情况进行监督检查，发现问题及时与公司协商解决，确保集体合同全面履行，集体谈判协议 100% 全覆盖。双方因履行集体合同发生争议，工会代表与公司代表先进行协商，协商不成，双方均可向当地劳动争议仲裁委员会申请仲裁，对仲裁裁决不服的，可以向当地人民法院提出诉讼
GRI 201: 经济绩效 2016	
3-3 实质性议题的管理	主动服务和融入新发展格局，走"一体四翼"高质量发展之路,统筹推动电网和金融、国际、支撑、战略性新兴产业高效协同、相互赋能。 优化经营策略，强化经营管理，发挥集团资信优势，加大统一融资力度，节约财务费用。 不断深化产融协同，进一步优化金融业务布局，创新发展绿色金融和碳金融。 优化新兴产业公司功能定位、核心业务，综合能源、电子商务等业务市场开拓有力。 稳妥推进海外工程履约，境外项目保持全部盈利。 严格综合计划和预算执行，持续强化精准投资
201-1 直接产生和分配的经济价值	电网投资超 5000 亿元 带动社会投资超过 1 万亿元 市场化交易电量 4.13 万亿千瓦时 在运特高压直流利用小时数同比提高 187 小时

续表

披露项	应对举措及页面参考
201-2 气候变化带来的财务影响以及其他风险和机遇	发布实施国内首个"双碳"行动方案和构建新型电力系统行动方案，着力推动构建清洁低碳、安全高效的能源体系。 坚持"全网统筹、量率一体"原则，促进新能源大规模并网、大范围配置和高比例消纳，推动新能源有序发展。 完善绿电交易体系，推动碳交易、电力交易、用能权交易有效衔接。绿电交易 152 亿千瓦时，绿证交易 145 万张。 举办 2022 能源电力转型国际论坛，共享推动能源转型经验，共商应对气候变化挑战之策，共绘全球能源电力绿色发展美好前景
201-3 义务性固定福利计划和其他退休计划	始终坚持以职工需求为导向，健全多层次保障体系，做好医疗、健康等后勤服务保障。 严格按照国家法律法规，为员工缴纳社会保险、公积金，建立补充医疗保险、企业年金，员工按照国家规定享受带薪年休假。 建成高原氧吧 382 个，新增弥散式供氧面积 11 万平方米，缓解高海拔给职工身体健康带来的不利影响
GRI 203: 间接经济影响 2016	
3-3 实质性议题的管理	充分发挥电网平台枢纽作用，保障各类电源能并尽并、能发尽发，促进电力资源优化配置，做好需求侧管理，确保电网安全运行和电力可靠供应。充分发挥电网基础性、先导性作用，持续优化电网网架结构，推动各级电网协调发展，为区域重大战略、区域协调发展战略、乡村振兴战略等实施提供坚强电力支撑，进一步增强国家综合实力
203-1 基础设施投资和支持性服务	加快推进重大工程建设，张北—胜利等 5 项特高压交流工程、金上—湖北特高压直流工程获得核准，建成白鹤滩—江苏、白鹤滩—浙江特高压直流及荆门—武汉特高压交流等一批重点工程，开工川渝联网、武汉—南昌特高压交流等工程，投产 110（66）千伏及以上线路 4.83 万千米，变电（换流）容量 3.08 亿千伏安（千瓦）。 支持抽水蓄能及新型储能发展，抽水蓄能电站开发规模达 7069 万千瓦。 实施农网巩固提升工程，完成农村电网巩固提升工程 11.6 万项，推动建成乡村电气化项目 3388 项。全力保障经营区域内农村电力安全可靠供应，服务 130 万个排灌台区，3 亿个农村客户。 在全球 46 个国家和地区开展国际业务，建设巴西、巴基斯坦、埃及、埃塞俄比亚、波兰等国家级重点骨干电网项目，与周边国家建成跨国输电线路 10 条。 充分发挥大电网优势、优化配置资源、强化负荷管理，积极有效应对自然灾害，坚决打赢迎峰度夏保卫战，积极应对多轮雨雪冰冻灾害，有效开展四川泸定地震、台风"梅花"等自然灾害抢修恢复供电工作，全力以赴保障电力安全可靠供应
203-2 重大间接经济影响	促进东西部协调发展，在新疆、西藏和涉藏州县完成固定资产投资 307 亿元。 扎实做好定点帮扶工作，深入实施产业帮扶，加大招商引资力度，打造"一县一品"特色品牌。持续开展消费帮扶，推动农产品进食堂、进工会和职工爱心订购。投入帮扶资金 1.65 亿元，消费帮扶 5.5 亿元。 进一步提高办电服务效率，精简办电环节，压缩办电时间，经营区 160 千瓦及以下小微企业"三零"服务实现全覆盖，27 家省公司实现企业"一证办电"、居民"刷脸办电"。 主动服务稳岗扩就业，制定实施服务稳住经济工作举措 26 项，助力中小企业纾困解难

披露项	应对举措及页面参考
203-2 重大间接经济影响	协同发展,为经济社会平稳运行提供有力支撑。 深化配电自动化应用,提升城乡供电可靠率。 发达地区与落后地区优质服务全覆盖,提供了偏远农村与城市均等化服务面对自然灾害、急难险重,发挥国家电网公益基金会资金募集和调配功能,向四川省慈善联合总会捐赠5000万元支持四川泸定抗震救灾各项工作。 开展青海玛多县帮扶援助、西藏措勤对口支援、湖北"三县一区"定点帮扶等重点捐赠项目
GRI 205:反腐败2016	16 和平、正义与强大机构
3-3 实质性议题的管理	聚焦管党治党责任落实,强化对领导班子特别是"一把手"的监督,促进廉洁干事、担当作为。 深入开展廉洁文化、家风建设,从源头上防范廉洁风险
205-1 已进行腐败风险评估的运营点	二级单位党委实现对所属单位巡察全覆盖
205-2 反腐败政策和程序的传达及培训	细化"三重一大"事项决策权责清单,推动董事会建设和规范运行。 全面覆盖应用数字化法治企业建设平台,有效实现法律合规风险在线识别、分析、评估、防控,筑牢风险管控新屏障
205-3 经确认的腐败事件和采取的行动	完成对27家省公司供电服务专项检查
GRI 302:能源2016	7 经济适用的清洁能源　8 体面工作和经济增长　12 负责任消费和生产　13 气候行动
3-3 实质性议题的管理	公司坚持清洁低碳是方向、能源保供是基础、能源安全是关键、能源独立是根本、能源创新是动力、节能提效要助力,努力争当能源清洁低碳转型的推动者、先行者、引领者。 提升系统调节能力。大力推进抽水蓄能发展,推动煤电灵活性改造和调峰气电建设,积极支持新型储能发展,推动源网荷储各环节协调联动,培育多元主体广泛参与系统调节的良好产业生态。 引导用户节能提效。深入实施电力需求侧管理,推动各类工商业负荷、新能源汽车充电网络、虚拟电厂等参与削峰填谷,在保障电网稳定运行的同时促进清洁能源消纳,助力社会节能降耗;"供电+能效服务"催生"用能医生""电力双碳智慧大脑"等低碳服务新产品,既能促进节能降耗,又能更好满足用户多元化用能需求
302-5 降低产品和服务的能源需求	综合线损率由2021年的5.48%下降至本年度的4.96%。 经营区新增风光新能源并网装机容量1.04亿千瓦,同比增长19.0%。 公司抽水蓄能电站开发规模达7069万千瓦,占经营区开发总量63%;其中在运电站26座,装机规模2806万千瓦;在建电站31座,装机规模4263万千瓦
GRI 304:生物多样性2016	6 清洁饮水和卫生设施　14 水下生物　15 陆地生物

续表

披露项	应对举措及页面参考
3-3 实质性议题的管理	电网行业在规划、建设、检修、运营及电网设备绿色回收之后的全生命周期中的各个环节都与生物多样性紧密相关。国家电网有限公司作为全球最大的公用事业企业，坚决贯彻落实习近平生态文明思想，在认真履行环境责任的同时，一直致力于建设环境友好的绿色电网，将生物多样性保护融入电网建设运维各个环节，探索电网保护与动物、植物等不同生物物种，以及沙漠、湿地、森林等不同生态系统的和谐共生之路。 编发《国家电网绿色低碳发展报告》，分为"加快发展方式绿色转型""深入推进环境污染防治""提升生态系统多样性、稳定性、持续性""积极稳妥推进碳达峰、碳中和"四大主题，通过"张北柔直工程，让张北的风点亮北京的灯""实现零耗能建筑，助力智慧生态城市建设""守护大熊猫乐园，促进人与自然共生""开山岛智能微电网，打造海岛绿色低碳能源应用典范"等12个典型案例，对公司绿色低碳发展的行动与实践进行了全方位展现。 采用全球领先的自然资本评估方法，分析在电网规划、建设、检修等业务环节的管理实践中企业与自然的影响和依赖关系，对相关指标进行定性、定量和货币化估值及综合价值核算，识别风险和机遇，为企业制定战略、管理或运营决策提供参考。 编纂《国家电网有限公司生物多样性管理与价值创造》系列丛书，按照《自然资本议定书》标准框架，即"设立框架阶段""确定范围阶段""计量和估算阶段""实施应用阶段"评估公司的多个生物多样性保护项目对自然资本实质性影响和依赖及其价值，分析自然资本影响和依赖对企业现在与未来的风险和机遇。积极推进电网规划、设计、建设全过程绿色低碳、安全高效发展，选址选线合理避让生态保护红线和各类环境敏感区，持续关注生物多样性保护。定期开展环境保护工作监督检查，将环境保护工作纳入企业负责人业绩考核，将环境保护指标纳入同业对标指标体系，保证各项环境保护工作落实到位
304-1 组织在位于或邻近于保护区和保护区外的生物多样性丰富区域拥有、租赁、管理的运营点	公司经营区域覆盖我国26个省（自治区、直辖市），26个省的保护区均位于公司供电服务范围内。其中具有显著特色优势的有：北大港湿地；河北洋河、南大港、丰南黑沿子湿地；山东东营黄河三角洲湿地；山东荣成大天鹅栖息地；山东长岛海洋生态系统；湖北神农架林区生态系统；湖南岳阳东洞庭湖湿地；湖南张家界森林生态系统；安徽安庆沿江、菜子湖湿地；安徽池州九华河、升金湖湿地；江苏盐城湿地；江苏泰州景区生态系统；江苏扬州高邮湖湿地；浙江内河港口；浙江松材线虫病防治区；浙江嘉兴鸟类生物多样性保护点；浙江金华鸟类生物多样性保护点；青海玉树三江源自然保护区；宁夏黄河流域湿地；宁夏沙漠生态系统；新疆天山一号冰川；新疆巴音布鲁克草原；新疆西天山生态系统；四川雅安野生大熊猫栖息地；黑龙江扎龙湿地等
304-3 受保护或经修复的栖息地	联合中国生物多样性保护和绿色发展基金会及各地保护区管理局等组织，开展生境调研、巡护救助、人工巢搭建等保护工作： • 在黑龙江扎龙湿地、天津七里海湿地、天津北大港湿地、河北南大港湿地等8个国家一级保护动物的重要栖息地开展"候鸟生命线"项目。"候鸟生命线"项目调研覆盖候鸟迁徙距离2344.292千米，记录电网周围活动的野生鸟类56种，勘察各类人工鸟巢477个，开展巡护活动379次，救助野生鸟类12409只，有效保护了输电线路周边活动的东方白鹳、大鸨、白头鹤、黄腹角雉、喜鹊等鸟类。 • 在青海玉树三江源自然保护区与可可西里野生动植物保护协会等组织合作研究掌握三江源地区鸟类的习性，在鸟类生存栖息较多的输电线路沿线搭建招鹰架和人工鸟窝，并为每个鸟窝标注"门牌号"，引导鸟类在安全区域筑巢、繁衍生息。"生命鸟巢"项目在三江源地区累计搭建人工鸟巢5018个，成功引鸟筑巢2300余窝，建设和谐电网、维护生态平衡。 • 巴西美丽山特高压直流二期项目前期，在沿线森林深处选取14个区域300个采样区，在热带雨林地区对动植物种类、数量等信息进行详细观察和记录，完成936种动物调查和830种植被调查，为保护生态环境和生物多样性打下工作基础。

续表

披露项	应对举措及页面参考
304-3 受保护或经修复的栖息地	• 修复松花江 467 千米鱼类生态环境，打通了中断八十多年的鱼类洄游通道，使得松花江流域上下游生物多样性得到改善
304-4 受运营影响的栖息地中已被列入世界自然保护联盟 (IUCN) 红色名录及国家保护名册的物种	开展"绿电方舟"项目，分别在浙江象山韭山列岛极危物种中华凤头燕鸥的种群繁殖地建设"净零碳观鸟屋"，在浙江钱江源 - 百山祖国家公园全球唯 3 的冷杉野生植株核心保护区建设生态微电网。通过在栖息地及周边建设绿色电力供应系统，为生物多样性保护相关的研究、实践工作提供可靠清洁电能、数字化转型工具等设施和服务，从而助力提升生态系统多样性、稳定性、持续性
GRI 305：排放 2016	
3-3 实质性议题的管理	推动能源转型、实现"碳达峰、碳中和"目标，能源是主战场，电力是主力军，电网是排头兵，大力发展风能、太阳能等新能源是关键。为适应能源配置日趋平台化，公司创新电网发展方式，持续完善骨干网架，统筹各级电网协调发展，在供需两侧协同发力，积极服务新能源发展，推动清洁能源对化石能源的有序替代。公司强化顶层设计，组织专班深入研究并提出新型电力系统的构建原则、实施路径和技术框架；制定构建新型电力系统行动方案，发布新型电力系统数字技术支撑体系报告，打造新型电力系统省级、地区级示范区
305-5 温室气体减排量	降低线损实现温室气体减排量：1756 万吨二氧化碳当量。回收六氟化硫实现温室气体减排量：969.6 万吨二氧化碳当量
GRI 308：供应商环境评估 2016	
3-3 实质性议题的管理	加强供应链环境风险管理，进行产品源头管理，通过驻厂监造、云监造等方式，确保产品符合环保要求。开展供应商自愿申请的资质能力信息核实工作，收集供应商环境管理体系证书、风险识别管理等信息，确保其环境行为符合国家相关要求。开展供应商跟踪评估，掌握供应商是否建立有害物质管理流程、履行污染预防责任并持续改进等。扫描二维码，了解国家电网的供应商管理
308-1 使用环境标准筛选的新供应商	对新供应商依法合规资质和潜在的环境影响风险进行识别与核实。环境标准筛选覆盖参与招投标的所有供应商
308-2 供应链对环境的负面影响以及采取的行动	深入开展供应商绿色信息核实，制定绿色采购指南，强化绿色评价采购导向作用，带动产业链供应链绿色转型。采购高效节能变压器 19 万余台，依托供应链公共服务平台，每年减少供应商纸张印刷和商务差旅碳排放 20 万余吨，以绿色升级推动电网和供应链管理节能降碳
GRI 401：雇佣 2016	

续表

披露项	应对举措及页面参考
3-3 实质性议题的管理	严格遵守《劳动法》《劳动合同法》等法律法规规定，禁止强制用工和雇佣童工。 坚持公平雇佣，杜绝因种族、肤色、国别、民族、性别、年龄、文化、身体状况等方面的歧视现象。积极创新专家人才体系建设，建立多渠道、多层次人才引进和培养机制，建立量才选用、人尽其才的动态管理机制。始终坚持以职工需求为导向，健全多层次保障体系，做好医疗、健康等后勤服务保障。 印发三项制度改革成效评估指标体系。全面推行关键岗位聘任制。实施新版岗位绩效工资制度，构建"一岗多级、跨级交叉、绩效联动"的宽带岗级体系。制定公司中长期激励"1+6"管理办法。建立全员绩效管理成效评价机制。完善职称评定和技能等级评价制度。打造职工服务体系
401-2 提供给全职员工（不包括临时或兼职员工）的福利	按照合同法相关要求，提供职工养老保险、职工医疗保险、失业保险、生育保险、工伤保险、商业保险和住房公积金、企业养老年金等员工福利。9 家单位推广科技型企业分红激励，保障并激励科技创新人才研发热情
GRI 403：职业健康与安全 2018	
3-3 实质性议题的管理	制订年度职业安全管理计划，狠抓责任落实、制度建设、秩序管理。 持续规范从业人员职业健康管理工作，完善劳动保护体系，保障员工的人身安全和职业健康。从业务运营、日常管理、运行机制和企业文化等各方面持续辨识、严格评估与公司职业健康议题有关的不良影响因素，并根据影响程度和发生的概率评估风险等级
403-1 职业健康安全管理体系	根据《劳动法》《安全生产法》等法律要求，以及 ISO 45000《职业健康安全管理体系》、GB/T 45001—2020《职业健康安全管理体系要求及使用指南》标准要求，构建职业健康安全管理体系。 职业健康安全管理体系覆盖公司各职能部室和业务支撑实施机构及业务开展全过程
403-2 危害识别、风险评估和事件调查	公司各级领导在各自的职责范围内对职业健康监督管理工作负有领导责任，指定专职人员开展职业健康管理工作。 公司安排专职部门负责职业危害的监测及对上级管理部门的申报，安排党群工作部（工会办公室）负责对职业健康实行民主管理和群众监督。 对存在职业危害的作业岗位，按要求设置警示标识和警示说明；对可能发生急性职业危害的有毒、有害工作场所（如室内六氟化硫断路器室），设置报警装置。现场急救用品、设备和防护用品、器具进行经常性的检查维修，定期检测其性能，确保其处于正常状态。 发生职业病危害事故时，事故发生单位应立即停止导致职业病危害事故的作业，控制事故现场，防止事态扩大；撤离作业人员，组织泄险；保护事故现场，保留导致职业病危害事故的材料、设备和工具等；对遭受或可能遭受急性职业病危害的员工，及时组织救治、开展健康检查（或医学观察）；如实提供事故发生情况、有关材料，积极配合调查
403-3 职业健康服务	将不同岗位的职业危害和防范措施纳入与员工签订的劳动合同条款中，履行告知义务。 完善生产场所的安全设施，并配合上级部门对存在职业危害的场所进行检测。 为员工配备符合国家标准和卫生要求的劳动防护用品。 负责组织员工进行体检。安排相关岗位人员在上岗前、转（下）岗、在岗期间定期进行职业健康检查

披露项	应对举措及页面参考
403-3 职业健康服务	负责对有职业禁忌病症的员工进行妥善安排，并落实职业病病人的相关待遇。 建立健全劳动防护用品、安全设施、人员体检及生产作业场所等职业健康管理 台账，并适时更新
403-4 职业健康安全事务：工作者的参与、协商和沟通	开通心理援助热线 2405 条，服务 26 万人次
403-5 工作者职业健康安全培训	定期对职业卫生管理人员开展职业卫生专业知识与法律法规的教育培训，提高其业务水平和管理能力。 对接触职业危害因素的员工，进行上岗前的职业卫生培训、在岗期间的定期职业卫生培训，经考试合格后才能上岗操作。 对生产作业人员（含管理人员），开展个人防护用品、安全设施的使用、维护培训，以及生产现场急救基本知识和基本技能的培训
403-6 促进工作者健康	关心关爱女职工，实现"两癌"筛查全覆盖。 建成高原氧吧 382 个，缓解高海拔给职工身体健康带来的不利影响
403-7 预防和减轻与商业关系直接相关的职业健康安全影响	组织对职业危害因素的检测并对结果进行汇总，及时、如实将职业危害因素向属地安全监督管理部门进行申报。 组织培训，学习职业健康岗位操作规程、相关制度、法律法规及公司新设备、新工艺、新材料的有关性能、可能产生的危害及防范措施，了解工作环境检测结果及个人身体检查结果
403-8 职业健康安全管理体系适用的工作者	适用于全体员工
GRI 404：培训与教育 2016	**4** 优质教育　**5** 性别平等　**8** 体面工作和经济增长　**10** 减少不平等
3-3 实质性议题的管理	完善职称评定和技能等级评价制度。 完善学习培训体系。 探索开展培训积分制。 深化职业教育发展建设，优化调整职业院校专业体系，推进产教融合和校企协同育人。 构建领导职务、职员职级、专家人才三条通道并行互通、员工多元发展的职业成长体系
404-1 每名员工每年接受培训的平均小时数	2022 年，培训员工 1214 万人天
404-2 员工技能提升方案和过渡协助方案	联合高校开展卓越工程师后备人才培养。 全员培训率 96.93%
404-3 定期接受绩效和职业发展考核的员工百分比	100%

披露项	应对举措及页面参考
GRI 405：多元化与平等机会 2016	
3-3 实质性议题的管理	尊重维护每一位员工的合法权益,公平公正地对待不同国籍、种族、宗教信仰、性别的员工。强化民主管理。 印发《职工民主管理纲要》《企业民主管理规则》。 健全维护职工主人翁地位的制度设计,全力打造凝心聚力、协商议事、上下沟通、权益保障 4 个平台,形成职代会、厂务公开、职工满意度测评等 10 个工作载体的工作体系。 坚持在涉及职工切身利益的改革中严格履行民主程序,充分听取职工意见并在事前向职工公示
405-1 管治机构与员工的多元化	坚持公平雇佣,杜绝因种族、肤色、国别、民族、性别、年龄、文化、身体状况等方面的歧视现象
GRI 407：结社自由与集体谈判 2016	
3-3 实质性议题的管理	坚持公平雇佣原则。 维护结社自由,承认劳资集体谈判权利
407-1 结社自由与集体谈判权利可能面临风险的运营点和供应商	平等协商签订集体合同。集体合同覆盖率达 100%,劳动合同签订率 100%。 保障供应商合法权益,依法进行物资采购、签订合同或协议
GRI 413：当地社区 2016	
3-3 实质性议题的管理	坚持守法合规诚信运营,关注和促进解决重大社会问题。 服务经营区域脱贫攻坚,助推人民共同富裕,依托大电网推进援藏、援疆、援青和电力扶贫事业。 编制《透明度管理手册》,对供电企业日常工作议题如何透明管理做详细说明。 扫描二维码,阅读《透明度管理手册》
413-1 有当地社区参与、影响评估和发展计划的运营点	实现经营区内村村通电。加快区域协调发展、乡村振兴、老旧小区改造等配套电网建设,提升供电服务水平
GRI 414：供应商社会评估 2016	

披露项	应对举措及页面参考
3-3 实质性议题的管理	建立了集团物流网络和质量管控体系。坚持"质量第一"采购导向，建立了供应商管理体系和"检储配"一体化基地，严把入网质量关和在网运行绩效评价关。 坚持规范从严，物资业务从"线下"到"线上"、从"人防"到"智防"，有效防范了物资管理风险。 持续优化采购策略，以智能化手段强化招标采购精准、精细、精益管理。 开展供应商自愿申请的资质能力信息核实工作，确保其行为符合国家相关要求。 定期收集供应商不良行为、失信行为信息，反馈至招标采购环节，为否决投标或暂停中标资格处理提供依据。 聘请公证机构监督招标全过程，集中采购信息全公开，在公司门户网站及采购文件中公示或载明投诉质疑联系方式，确保供应商接受社会监督和评估。 在合同执行环节，开展供应商履约考核评价和随机抽检，依据相关法律法规及规定对不合格的供应商进行处理。 通过大数据手段，定期对供应商实施经营风险监测。对于内外部监督检查、投诉举报发现的问题，依据相关法律法规及规定对相关的供应商进行处理。 扫描二维码，了解国家电网的供应商管理
414-1 使用社会标准筛选的新供应商	对新供应商依法合规资质、社会信用及可能产生的社会负面影响进行识别与核实。 社会标准筛选覆盖参与招投标的所有供应商
414-2 供应链对社会的负面影响以及采取的行动	报告期内，未发现供应链对社会的重大负面影响。报告期内完成四批次供应商不良行为处理。全年处理供应商 1000 家（1611 家次），其中列入黑名单 302 家（584 家次）。 扫描二维码，查阅国家电网供应商不良行为处理公告
GRI 416：客户健康与安全 2016	**16** 和平、正义与强大机构
3-3 实质性议题的管理	构建"五级五控"现场作业风险防控体系。 制定密集通道二十四项重点措施。 构建"平台 + 专业"技术监督体系，推动第三方监督。 构建三级生产管控体系。 建设现代服务体系。 出台电力保供 30 项工作要点和 32 项重点措施
416-1 对产品和服务类别的健康与安全影响的评估	城乡综合电压合格率 99.859%。 发达地区与落后地区优质服务全覆盖，提供了偏远农村与城市均等化服务
416-2 涉及产品和服务的健康与安全影响的违规事件	全年未发生大面积停电事故、重特大设备事故、重大网络安全事件

GRI 内容索引

使用说明	国家电网有限公司在 2022 年 1 月 1 日—2022 年 12 月 31 日期间符合 GRI 标准编制报告
使用的 GRI1	GRI1：基础 2021

GRI 标准	披露项	对应页码	可持续发展目标（SDGs）
一般披露			
GRI 2：一般披露 2021	2-1 组织详细情况	89	
	2-2 纳入组织可持续发展报告的实体	12	
	2-3 报告期、报告频率和联系人	89	
	2-4 信息重述	89	
	2-5 外部鉴证	89	
	2-6 活动、价值链和其他业务关系	89	
	2-7 员工	89	SDG8　SDG10
	2-8 员工之外的工作者	89	SDG8
	2-9 管制架构和组成	89 90	SDG5　SDG16
	2-10 最高管治机构的提名与遴选	90	SDG5　SDG16
	2-11 最高管治机构的主席	90	SDG16
	2-12 在管理影响方面，最高管治机构的监督作用	90	SDG16
	2-13 为管理影响的责任授权	90	
	2-14 最高管治机构在可持续发展报告中的作用	90	
	2-15 利益冲突	90	SDG16
	2-16 重要关切问题的沟通	90	
	2-17 最高管治机构的共同知识	91	
	2-18 对最高管治机构的绩效评估	91	
	2-19 薪酬政策	–	保密限制
	2-20 确定薪酬的程序	–	保密限制
	2-21 年度总薪酬比率	–	保密限制
	2-22 关于可持续发展战略的声明	2	
	2-23 政策承诺	91	SDG16

注：

1. 经 GRI 服务部门审查，内容索引——基本服务呈现清晰、符合标准，且对披露项 2-1 至 2-5、3-1 和 3-2 的引用与报告正文中的相应部分一致。

2. 经 GRI 服务部门审查，内容索引中包含的 GRI 披露内容与可持续发展目标合理对应。

3. 基于中文版报告开展服务。

续表

GRI 标准	披露项	对应页码	可持续发展目标（SDGs）
GRI 2：一般披露 2021	2-24 融合政策承诺	2	
	2-25 补救负面影响的程序	91	
	2-26 寻求建议和提出关切的机制	2	SDG16
	2-27 遵守法律法规	91	
	2-28 协会的成员资格	92	
	2-29 利益相关方参与的方法	92	
	2-30 集体谈判协议	92	SDG8
实质性议题			
GRI3：实质性议题 2021	3-1 确定实质性议题的流程	86 87	
	3-2 实质性议题清单	89 100	
经济绩效			
GRI3：实质性议题 2021	3-3 实质性议题的管理	92	
GRI201：经济绩效 2016	201-1 直接产生和分配的经济价值	92	SDG8 SDG9
	201-2 气候变化带来的财务影响以及其他风险和机遇	93	SDG13
	201-3 义务性固定福利计划和其他退休计划	93	
间接经济影响			
GRI3：实质性议题 2021	3-3 实质性议题的管理	93	
GRI 203：间接经济影响 2016	203-1 基础设施投资和支持性服务	93	SDG5 SDG9 SDG11
	203-2 重大间接经济影响	93 94	SDG1 SDG3 SDG8
反腐败			
GRI3：实质性议题 2021	3-3 实质性议题的管理	94	
GRI 205：反腐败 2016	205-1 已进行腐败风险评估的运营点	94	SDG16
	205-2 反腐败政策和程序的传达及培训	94	SDG16
	205-3 经确认的腐败事件和采取的行动	94	SDG16
能源			
GRI3：实质性议题 2021	3-3 实质性议题的管理	94	
GRI 302：能源 2016	302-5 降低产品和服务的能源需求	94	SDG7 SDG8 SDG12 SDG13
生物多样性			

续表

GRI 标准	披露项	对应页码	可持续发展目标（SDGs）
GRI3：实质性议题 2021	3-3 实质性议题的管理	95	
GRI 304：生物多样性 2016	304-1 组织在位于或邻近于保护区和保护区外的生物多样性丰富区域拥有、租赁、管理的运营点	95	SDG6　SDG14　SDG15
	304-3 受保护或经修复的栖息地	95 96	SDG6　SDG14　SDG15
	304-4 受运营影响的栖息地中已被列入世界自然保护联盟 (IUCN) 红色名录及国家保护名册的物种	96	SDG6　SDG14　SDG15
排放			
GRI3：实质性议题 2021	3-3 实质性议题的管理	96	
GRI 305：排放 2016	305-5 温室气体减排量	96	SDG13　SDG14　SDG15
供应商环境评估			
GRI3：实质性议题 2021	3-3 实质性议题的管理	96	
GRI 308：供应商环境评估 2016	308-1 使用环境标准筛选的新供应商	96	
	308-2 供应链对环境的负面影响以及采取的行动	96	
雇佣			
GRI3：实质性议题 2021	3-3 实质性议题的管理	97	
GRI 401：雇佣 2016	401-2 提供给全职员工（不包括临时或兼职员工）的福利	97	SDG3　SDG5　SDG8
职业健康与安全			
GRI3：实质性议题 2021	3-3 实质性议题的管理	97	
GRI 403：职业健康与安全 2018	403-1 职业健康安全管理体系	97	SDG8
	403-2 危害识别、风险评估和事件调查	97	SDG8
	403-3 职业健康服务	97 98	SDG8
	403-4 职业健康安全事务：工作者的参与、协商和沟通	98	SDG8　SDG16
	403-5 工作者职业健康安全培训	98	SDG8
	403-6 促进工作者健康	98	SDG3
	403-7 预防和减轻与商业关系直接相关的职业健康安全影响	98	SDG8
	403-8 职业健康安全管理体系适用的工作者	98	SDG8
培训与教育			
GRI3：实质性议题 2021	3-3 实质性议题的管理	98	

续表

GRI 标准	披露项	对应页码	可持续发展目标（SDGs）
GRI 404：培训与教育 2016	404-1 每名员工每年接受培训的平均小时数	98	SDG4　SDG8　SDG10
	404-2 员工技能提升方案和过渡协助方案	98	SDG8
	404-3 定期接受绩效和职业发展考核的员工百分比	98	SDG5　SDG8　SDG10
多元化与平等机会			
GRI3：实质性议题 2021	3-3 实质性议题的管理	99	
GRI 405：多元化与平等机会 2016	405-1 管治机构与员工的多元化	99	SDG5　SDG8
结社自由与集体谈判			
GRI3：实质性议题 2021	3-3 实质性议题的管理	99	
GRI 407：结社自由与集体谈判 2016	407-1 结社自由与集体谈判权利可能面临风险的运营点和供应商	99	SDG8
当地社区			
GRI3：实质性议题 2021	3-3 实质性议题的管理	99	
GRI 413：当地社区 2016	413-1 有当地社区参与、影响评估和发展计划的运营点	99	
供应商社会评估			
GRI3：实质性议题 2021	3-3 实质性议题的管理	100	
GRI 414：供应商社会评估 2016	414-1 使用社会标准筛选的新供应商	100	SDG5　SDG8　SDG16
	414-2 供应链对社会的负面影响以及采取的行动	100	SDG5　SDG8　SDG16
客户健康与安全			
GRI3：实质性议题 2021	3-3 实质性议题的管理	100	
GRI 416：客户健康与安全 2016	416-1 对产品和服务类别的健康与安全影响的评估	100	
	416-2 涉及产品和服务的健康与安全影响的违规事件	100	SDG16

报告概况

报告时间范围：

2022 年 1 月 1 日—12 月 31 日，部分内容超出上述范围。

报告发布周期：

年度报告，一般在下一年度第一季度发布。

报告组织范围：

国家电网有限公司整体（组织机构参见"公司概况"）。

报告数据说明：

本报告披露的 2022 年数据，部分经济绩效数据会与最终统计数据略有差异。

报告指代说明：

为便于表述，在报告中"国家电网有限公司"也以"国家电网公司""国家电网""公司""我们"表示。报告中涉及的国家电网公司下属公司一般使用简称，如：国网北京电力、国网苏州供电公司、国网兰考县供电公司等。

报告延伸阅读：

如欲获得关于公司治理机制、社会责任管理、利益相关方参与机制、指标计算方法等更多信息，请访问国家电网有限公司社会责任网站：

http://www.sgcc.com.cn/html/sgcc/col2022121223/column_2022121223_1.shtml

报告语言版本和索取：

本社会责任报告有中文和英文两种版本，均以纸质版和电子版两种形式提供。如需纸质版报告，请发电子邮件至 csr@sgcc.com.cn，或致电 86-10-66598367。电子版报告见国家电网有限公司社会责任网站。

报告参照标准：

联合国《2030 年可持续发展议程》；

全球可持续发展标准委员会《GRI 可持续发展报告标准》（GRI Standards）；

国务院国资委《关于中央企业履行社会责任的指导意见》；

国务院国资委《关于国有企业更好履行社会责任的指导意见》；

GB/T 36001—2015《社会责任报告编写指南》；

《国家电网公司履行社会责任指南》；

中国社会科学院《中国企业社会责任报告指南（CASS-CSR 4.0）》；

中国工业经济联合会《中国工业企业及工业协会社会责任指南》；

国际标准化组织 ISO 26000《社会责任指南（2010）》。

2005—2022
国家电网有限公司
社会责任报告

2022　　　　　2021

 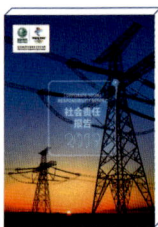  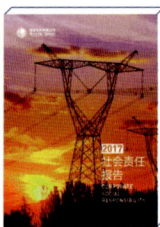 

2020　　　　2019　　　　2018　　　　2017　　　　2016

2015　　　　2014　　　　2013　　　　2012　　　　2011

     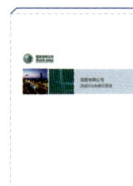

2010　　　2009　　　2008　　　2007　　　2006　　　2005

图书在版编目（CIP）数据

国家电网有限公司 2022 社会责任报告 / 国家电网有限公司编 . -- 北京 : 中国电力出版社 , 2023.7
ISBN 978-7-5198-7847-4

Ⅰ . ①国… Ⅱ . ①国… Ⅲ . ①电力工业 – 工业企业 – 社会责任 – 研究报告 – 中国 – 2022 Ⅳ . ① F426.61

中国国家版本馆 CIP 数据核字 (2023) 第 088524 号

出版发行 : 中国电力出版社
地　　址 : 北京市东城区北京站西街 19 号 (邮政编码 100005)
网　　址 : http://www.cepp.sgcc.com.cn
责任编辑 : 杨敏群　周天琦
责任校对 : 黄　蓓
责任印制 : 钱兴根

印　　刷 : 北京雅昌艺术印刷有限公司印刷
版　　次 : 2023 年 7 月第一版
印　　次 : 2023 年 7 月北京第一次印刷
开　　本 : 889 毫米 ×1194 毫米　16 开本
印　　张 : 7
字　　数 : 202 千字
定　　价 : 78.00 元